獲頒第 26 屆醫療奉獻獎時，獲蔡英文總統接見。

帶著一家人到哈佛大學公衛學院進修，據說破了近年帶最多家屬的紀錄。

2010年的海地疫情防治會議，有對岸的解放軍公衛專家參與。

在海地聯合國人道事務協調廳（United Nations Office for the Coordination of Humanitarian Affairs, OCHA）各國援助協調會議中，擔任疫情監測小組發言人。

與各國專家一起為海地撰寫震後疫情防治手冊。

與世界展望會到尼日的內陸出差，當地民眾用獸皮製作的水袋打井取水。

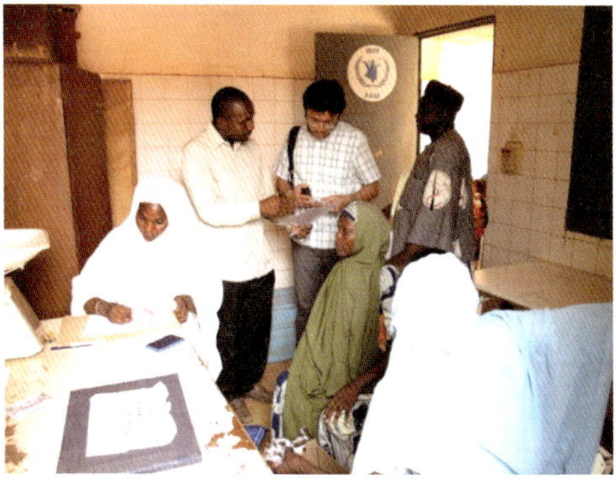

尼日遭逢旱災、蝗災導致饑荒，以世界展望會醫療顧問身分進行營養不良孩童介入計畫。

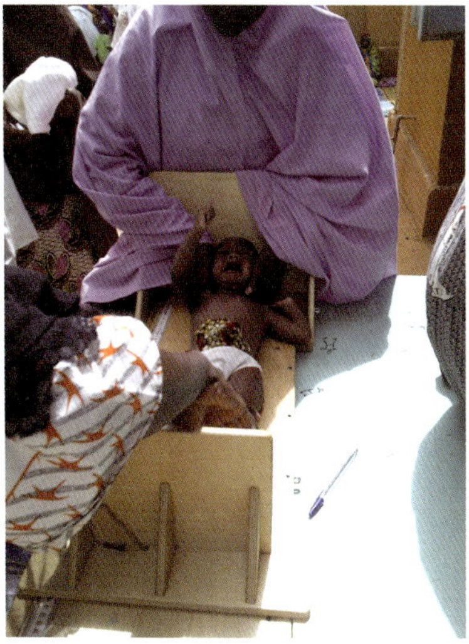

在尼日饑荒災情中，我們提出社區志工應被動員，以系統性方式篩檢營養不良孩童，以納入介入計畫。

與尹祚芊監委、李選委員在肯亞推動護理學會交流。

左一爲書中第 8 步故事中被嚇壞的聖多美普林西比疾管局局長。

2019 年在臺大畢業典禮演講，鼓勵同學多走一哩路。

哈佛甘迺迪政府學院熱門課教如何競選。

存著打卡的心態，到哈佛商學院圖書館的教師休息區修課，被教授挑戰，何時要打破成規？

麻省理工史隆管理學院最爆紅的一堂課「The Science and Business of Biotech」，（中）經濟學大師羅聞全（Andrew Lo）、（右）生技巨擘 Harvey Lodish。

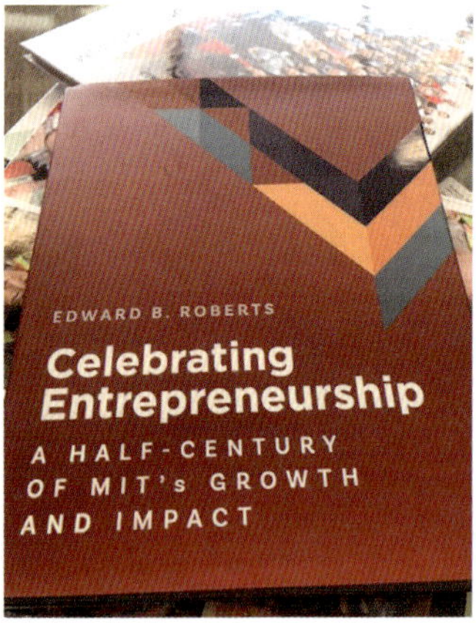


在 Harvey Lodish 辦公室聊波士頓生技發展的歷史。

爲年輕街友募款，與新罕布夏州州長（右一）Chris Sununu、該州曼徹斯特市市長（左二）Joyce Craig 等人一同露宿街頭一夜。

在美國新罕布夏州曼徹斯特市市政廳報告街友資源優化計畫結論。

代表宏碁智醫到泰國最大的醫院推廣來自臺灣的 AI。

宏碁智醫所研發的「智骨篩 - 骨質密度異常篩檢軟體（VeriOsteo OP）」榮獲臺灣精品獎金質獎，代表領獎。

連加恩——著

# 走人少的路

## 連加恩的非典型旅程

# 跨界推薦

連加恩醫師的新書，記錄了他從西非到南非、哈佛再到臺灣的非凡旅程。書中充滿驚險、感動與啓發的故事，展現了他如何將挑戰轉化爲改變世界的力量。書中也穿插了許多駐外生活剪影，比如跟搶匪傳福音的經歷，不僅讓人會心一笑，更讓人感受到他對生命的熱愛與對信仰的堅持。

——黃瑽寧

這幾年有機會認識連加恩醫生，發現他眞的是一位願意走人少的路的人。無論是他對待他人的方式、所做的選擇，還是他所踏上的道路，始終勇於做別人不願做的事。他願意超越熟悉的界限，追尋眞正重要的事，因而塑造出一個充滿深遠意義與價值的人生。

——萬力豪

期待連加恩醫師所走的路爲臺灣的智慧醫療國際化做出具體貢獻，再次爲臺灣爭光。雖然這條路較少人走，挑戰也大，但貢獻也將更大。

——施振榮

陽明傑出校友連加恩在西非服替代役的故事，曾選入小學課本，啓發無數學子。後來他重返非洲擔任醫療外交官、到哈佛攻讀公衛博士的故事其實更精采，都寫入本書中，更値得大力推薦！

——郭旭崧

連加恩曾說：「好命的孩子，應該比別人付出更多。這樣，好命才有意思。」

因此，我寫了篇文章叫：〈做一個有意思的人〉。

——楊斯棓

「人生沒有白走的路，每一步都是恩典與智慧的累積。」連加恩憑信仰跨越醫療、人道與科技，現以宏碁智醫董事長之姿，開創非典型人生，帶來啓發與創新！

——陳俊聖

這本書適合每一個人讀，我們都需要找回活得精采的勇氣。

加恩經歷過許多在世人看來不可思議的轉折，這是因爲他生命中有一個最重要的核心信念：上帝是我的主宰。他把自己的一生放手獻給了上帝，於是每一步都是上帝帶領的痕跡，這是預先做「人生規劃」很難達到的。

加恩彷彿一位領路人，在眾人面前選擇一條不一樣的路，即使有時自己也不確定到底對不對，但他就是憑著信心，朝著心中所向跨步。他以這本書作爲邀請，期盼同樣帶著渴望的人們一起上路，但不是要走上跟他一樣的路，而是走出屬於自己獨特的路；更好的是，經歷由上帝引路的豐富生命。

——廖文華

# 目錄

自序　每一步都是有意義的　011

PART 1

走人少的路，離開西非後
我踏上的路，沒有太多前例，而且不太容易回頭。

第1步　我的起步——家醫科　016
想盡辦法成為他們一部分的我，心底其實知道自己不是他們的一分子，有一天又要啓程。

第2步　離開醫院，當起公務員　024
在北榮待了三年，拿到家庭醫學專科醫師執照後，那股把我往下一站推送的力量又浮現了。

第3步　海地世紀大地震　032
二〇一〇年一月十二日，海地發生一夜奪走幾十萬人性命、芮氏規模七的地震，兩週後，我以疾管局防疫醫師的身分隨國災隊前往救災。

第4步 我心中的上上籤：花蓮 042
離開臨床工作，跑來疾管局擔任防疫醫師，很大的挑戰是，不知道怎麼跟親友解釋自己在做什麼？更大的挑戰是，我一開始也不太了解這個單位究竟在做些什麼。

PART 2

# 多走一哩路，回到非洲

我據實告訴牧師：「這裡不歡迎我。」牧師說：「那可能代表你應該去。」

第5步 太太的內在力量比我更強大 054
在我好幾次的人生轉折點上，是她認為可以離開，換個環境，繼續前往下一站。一路走來，她承受的壓力比我大得多，韌性比我強得多。

第6步 難民等級外交官 060
大使出差入住滿是蚊蟲的旅館，外交人員出差只能躲房間吃吐司，這些都是真實故事，發生在許多駐外人員的日常。

第7步　一場車馬費七百元的演講　067
一提到預算，我們都很怕花錢被罵，所以採取相對保守、甚至不合常理的規格來因應。最後的結果就是貽笑大方。

第8步　赤裸裸的外交實務經驗　074
WHA的外交角力不是在比會議發言次數或內容，真正的戰場是大會外的各國雙邊會議，才是產生實質合作及利益交換的地方。

第9步　我被搶了！南非警察賺外快　085
每當在南非開車時看到警察，都還是覺得跟看到歹徒一樣，想要趕快閃遠一點。

## PART 3

## 換位思考，感同身受

### 我們以爲的好意，眞的幫到對方了嗎？

第10步　尼日之行帶給我的震撼　092
公衛課本上說的沒錯，無法有效改善五歲以下孩童死亡率的地方，很難用介入的方法降低生育率，因為媽媽們不知道哪個孩子會活下來？

第11步 我們以爲的好意，眞的幫到對方了嗎？ 104
若能從自己的角度去換位感受，再把規模拉到國家層級，這樣才可能有更具體的建設性作為。

第12步 到非洲義診，就是史懷哲？ 112
現代史懷哲，並非單槍匹馬，而是一群人、一個體系，不是史懷哲精神過時，而是要從史懷哲1.0升級到史懷哲2.0。

第13步 滿地黃金、處處商機的非洲大陸 127
非洲真的有很多奇聞軼事，在南非那些年的經歷，我想這輩子不會再有第二次的機會。

第14步 短暫的NGO體驗 135
我確實感謝這股驅使我跳出去的力量，不穩定的環境讓我不再停留，我的人生就會往前走。

PART 4

# 終身學習，跳脫成規

我喜歡挑戰自己、質問自己：爲什麼要選擇安逸的路？

第15步 攜家帶眷念哈佛 144
年過四十後，還能攜家帶眷回去學校念書嗎？

第16步 從公衛跨足生技的意外旅程 152
來到哈佛公衛學院，開啓了我人生的另一扇窗，接下來的路是我不曾想過的。原以為只是充電的轉折，卻對我的人生產生巨大影響。

第17步 哈佛老師也教政治攻防 163
我覺得非常不可思議，這個老師怎麼會被哈佛請來教書？他這樣教會不會被炒魷魚？竟可以公然教大家如何抹黑對手。

第18步 MIT九千億臺幣的故事 168
光聽到九千億的數字，一般人可能直覺他是個暴發户，然而隱藏在數字背後的真正故事是，他的初衷是助人、救人，找出人類無法解決的罕病解方，研發救命藥物。

第19步 是墨守成規，還是莫守成規？ 178
我喜歡挑戰自己、質問自己：為什麼要選擇安逸的路？內在有一股動力刻意去選擇非安逸的、非熟悉的路徑，去抵抗人性所趨。

## PART 5 —— 挺身而進，回歸初衷

不是獨善其身，而是並肩作戰，一起爲全世界努力！


第20步 誰說學公衛去藥廠工作有違和感？ 188

在武田製藥任職的他們都出身公衛體系，並非我過去認知的那種正義魔人，他們正是因為關心貧窮與健康平權議題，才到藥廠工作。

第21步 返臺加入高端疫苗團隊 194

「當你該回去臺灣的時候，記得馬上回去，即使晚一個月也不行。」難道，這是天堂來的訊號，告訴我人生的十字路口又到了嗎？。

第22步 增強韌性是爲了繼續往前走 207

得以在幾百年發生一次的全球疫情中，參與自己國家所開發的疫苗，不論最後結果如何，不論你是研發團隊、捲起袖子當了臨床試驗受試者或加入哪一個單位，參與的所有人都該為自己感到驕傲。

後記 219

# 自序
# 每一步都是有意義的

結婚之後，我搬過十五次家，住過非洲、美洲和亞洲。拿到醫師執照後，我換過八個工作，當過駐布吉納法索醫療團團員、電視劇製作人、北榮住院醫師和總醫師、疾管署防疫醫師、衛生署駐非洲代表、挪威NGO組織駐南非辦公室主任、高端疫苗和宏碁智慧醫療的主管。老實說，自覺論資歷或論對社會的貢獻，我距離夠格可以寫自傳或回憶錄還差得遠，那麼爲什麼要寫一本看似是老人講古的書呢？原因是我已經累積太多太多不能只有我知道的有趣故事，若不在這個階段把它們記錄下來，擔心會隨著時間淡忘。

算一算，我總共離開臺灣十三年，其中在非洲工作生活十年，美國讀書工作三年，上一次完整記錄在非洲的生活，是寫在二〇〇四年出版的《愛呆西非連加恩》，那本書只有記錄剛到非洲的前兩年，也就是說，後面發生的所有事情，大部分沒有機會分享。我曾經遇到一些只有從我的書上知道近況的朋友問，你去非洲蓋孤兒院、挖水井、撿垃圾換舊衣之後，到底在做什麼？

原來我不應自私地把後面更有趣、更曲折的故事埋藏給自己，因此，我把它們全部寫到這本書中，一次交代清楚。

我非常想跟大家分享：當臺灣醫療外交人員的處境和感受、在坦尚尼亞面對一公噸黃金和步槍的驚險場面、在世界衛生大會被抓去當他國口譯的奇遇、我如何在南非被警察攔下搶劫、在曼德拉的家鄉翻山越嶺想像保羅・法默（Paul Farmer）的感受、在零下二度的新罕布夏州跟州長一起夜宿街頭為街友募款、在哈佛商學院被挑戰打破成規、在MIT被價值數百億的新藥衝擊、在高端疫苗跟WHO的互動，以及想使用人工智慧來實現全球衛生的理想。

我想把這本書獻給我的父親連猛雄醫師，他在臺北市執業牙醫五十年，自小數不清的暑假，他帶著我們上山下海去高雄龜山、離島澎湖、綠島等地義診；我不過在這一代，把他的非典型和趴趴走放大了一點罷了。而且，這所有故事的開端，來自於他成全我去西非服替代役的內心對話，他說，我不想讓他去，但，若這是神在他生命中的帶領，我是誰，怎可攔阻神在我孩子生命中的旨意呢？因爲他選擇當了放手交給神的爸爸，我才有了放心跟主去的勇氣。十九世紀偉大的神學家、哲學家齊克果（Søren Kierkegaard 1813-1855）說過：人生只有回頭看才能明白，但人生路只能往前走。（Life can only be understood backwards; but it must be lived forwards.）

在搬過這麼多次家、換了這麼多工作以後，我不敢說自己達成了什麼願景，但回頭看才明白：原來每一步都是有意義的，都能夠爲下一步預備、累積能量；原來主的帶領是眞的，祂會出現在我人生的每一個十字路口，雖然不知道未來如何，但這個確信，可以幫助我繼續放心地往前走。

人心籌算自己的道路；惟耶和華指引他的腳步。

——聖經箴言16章第9節

PART

1

# 走人少的路，離開西非後

我踏上的路，沒有太多前例，
而且不太容易回頭。

第1步——

# 我的起步——家醫科

想盡辦法成為他們一部分的我，心底其實知道自己不是他們的一分子，有一天又要啓程。

記得剛到西非服務的時候，正是美國總統愛滋病緊急救援計畫（The U.S. President's Emergency Plan for AIDS Relief, PEPFAR）導入全球前，我所服務的內科病房，除了少數得了癌症、腦中風、腎衰竭或被毒蛇咬傷的病患，大部分是感染症的病患，除了平時大量的瘧疾病患、愛滋病伺機性感染的病患，又雪上加霜地遇到腦脊髓膜炎大流行。剛當醫師的我，一度偏激的認爲只有抗生素才是眞正的藥，因爲用它殺了細菌、瘧原蟲，我的病人就有機會活，至於控制慢性病、需終身服用的藥物或化療，對我的病人來說，是負擔不起的奢華。

當西非外交替代役兩年的生活結束，我因緣際會下所籌建的孤兒院才剛蓋好，因此不得不申請以駐外醫療團團員的身分，繼續留下來把孤兒院的運作送上軌道，也因此錯過了各大醫院徵住院醫師的考試和面試。除此之外，老實說，我也感到有點茫然，因爲還不清楚自己到底要走哪一科。

## 從外人變自家人

有一天，我收到一封電郵，是一位學長發給我的。這位學長當時在臺北榮總家庭醫學部當總醫師，他說：「加恩，我們臺北榮總家醫科希望你來。」學長已經在這封電郵把報名表、自傳、推薦信等檔案都附上，只要我回答：好！連自傳他都可以幫我寫。學長的態度非常積極，而且誠意十足，我想了想，覺得可以試試。

進入家醫科前必須面試，可是我人還在西非，榮總家醫科特別通融我用電話面試。當時網路通話不發達，需要打昂貴的越洋電話，沒有視訊，所以嚴格說只能算是口試。榮總家醫部主任來電時，他只問我一個問題：「你在西非的事蹟很多，媒體報導很多，也算是一位『名醫』，這樣子來榮總當住院醫師，還能夠虛心學習嗎？」這提問好直接，我從未想過自己會跟「名醫」兩字連在一起，畢竟當時只是個替代役男，根本還不算眞正行醫。所以我幾乎不經思考地回覆部主任：「報告主任，我一定會虛心學習！」考試就這樣結束了。幸好這一通越洋電話面試很快就結束，不然昂貴的通話費著實讓我心裡七上八下。

我很順利地被家醫科通知錄取，準備回國後即前往榮總報到。在非洲繞了一圈，比起醫學系同屆的女同學或沒當兵的男同學，他們是R5（住院醫師第五年），我是R1（住院醫師第一年）。剛好很多人在各科當總醫師可以罩我。

有家醫科的前輩得知我要走這科時，特別叮嚀我：「家醫科啊，你的自我形象要很健康喔！」這是什麼意思？原來，在大部分的專科醫師裡面，多是以某個器官和系統爲主，而家庭醫師專科訓練，要輪調許多次專科，但同時也沒有凸顯某個特別領域，在大醫院中，難免會被不同專科的人認爲不夠專精。

幾年後，我在南非和美國生活，兩者都是專科醫師收入很高的國家，很常遇到有人聽到我是醫師時，就會興致勃勃問我是哪一科？當我一說「家醫科」時，對方就接不下去了，可能覺得他有興趣的某專科話題，我不是合適的討論對象。

家醫科醫師在當住院醫師訓練時期，每個月要輪流待在不同科別受訓，可能上個月在婦產科，這個月去小兒科，下個月再去急診。我每到一個新的專科報到時，總有被當成是外來體（foreign body）的感覺，畢竟在該科的「自己人醫師」們共事的時間已久。

我有一個特質，就是到了一個新環境，會不甘心被當成外人。因此，我每到一個新的科別報到時，就會讓自己盡量跟上他們的節奏。記得在輪調急診科的時候，有指導醫師說，很久沒有看到家醫科的醫師可以跟得上急診醫師的量能（他是指一個班十二小時可以處理的病人數量）。雖然這種肯定也帶著一點酸味，但當時聽起來就是一種「我終於跟大家一樣」的舒坦。

曾經有一位感染科前輩對我非常禮遇，他認爲我待過非洲，有豐富的感染症臨床經驗，這些病症，可能是臺灣學感染症的醫師也不容易見到的疾病，比方痲疹、非洲昏睡症、埃及血吸蟲、破傷風發病等，他就破例讓我去照顧難度比較高的感染症病患，甚至建議我重新參加內科考試，轉至內科來走感染症醫學。

當然，前輩的好意我心領，最後還是沒有照做。雖然我對未來有點茫然，但總覺得既然選了這條路，就不要回頭，應該繼續往前走。

## 你是我們的一分子

在家醫科輪調各科的訓練生涯中，就是抱著達成主任面試時的承諾：虛心學習。跟著各科節奏一起融入每個科別，有幾次到了月底，病房護理師、病人、家屬和科內同事幾乎忘了我是家醫科來的，把我當成他們的一分子。然後轉眼下個月一號一到，就要換一個單位重新來過，從陌生到熟悉，再換科別，再歸零，再融入……

在家醫科的住院醫師訓練裡，似乎反映了我往後的人生節奏：每到一個新的環境，就趕快自動歸零，忘了之前所累積的短暫榮耀，想辦法融入當下的群體，達成這個角色被賦予的所有期待。矛盾的是，想盡辦法成為他們一部分的我，心底其實知道自己不是他們的一分子，有一天又要啓程。

在這個看似不斷在各專科裡轉換的快速節奏中，還是出現了一些埋藏在心底很深的故事。有一位安寧療護的主治醫師曾說，我有一種可以讓安寧病患與家屬安定的特質。如果有多一點時間，我很喜歡與家屬聊聊，聽聽他們的故事與心聲。

曾經有一位病人伯伯常常容易情緒激動，我跟他的女兒聊著聊著，才知道伯伯一輩子爲國家奮鬥，他最不能接受的是聽到有人要他滾回大陸去，一聽到這句話就會相當憤怒。後來每當伯伯情緒又上來，我會過去握著他的手、告訴他：「伯伯，謝謝你！你一輩子爲國家奉獻和犧牲，保衛國家，所以我們可以在這邊安居樂業。」每次這樣跟他對話，他很快就會安靜下來，也會很配合我們的治療。

我也遇過一對父子的互動，是我見過家屬感情最親密的例子。病患也是一個癌末老伯伯，只有一個兒子。他們住健保床，一間病房裡有好幾床病人。老伯伯的兒子都會睡在病床上，擠在爸爸身旁，但那床並不寬敞，即便伯伯意識已經不清楚，可是兒子還是會去親親爸爸的臉頰。我實在太好奇了，便常去找這個兒子聊天。

他學的是生物科技，當時正在念博士，那時只覺得他是青年才俊，對父親好孝順，讓我印象非常深刻。沒想到，這位病患家屬竟在十多年後，與我重逢，而且就在COVID-19疫苗研發最重要的時刻，他成了我們疫苗研發團隊實驗的重要關鍵人之一。

老實說，我至今還是很懷念這段即使無法治癒病人、至少能夠爲他們帶來安慰的日子。

第2步——

# 離開醫院，當起公務員

在北榮待了三年，拿到家庭醫學專科醫師執照後，那股把我往下一站推送的力量又浮現了。

## 他們都只是來跟我拿藥

在臺灣，除了零星的境外移入，基本上沒有瘧疾的臨床個案，反觀當初行醫的西非，偏偏最多的病患是瘧疾。由於瘧疾是當地最普遍的流行傳染病之一，當病人來求助時，我該怎麼辦？老實說，我的經驗都是病人教的。通常他們一坐下，我問哪裡不舒服，他們直接回答並診斷：「醫生，我得了瘧疾。」他們每個人一年得好幾次瘧疾是稀鬆平常的事，身爲醫生的我，只要直接給藥就好。

除了看診，我們經常會帶很多藥下鄉義診，村中的病人總是一坐下就說哪裡、哪裡不舒服，渾身是病。頭痛、胸痛、肚子痛、眼睛癢、耳朵痛全來，到底是什麼病？只要醫生有問到的統統中？我怎麼都沒學過？後來我學會用一點小心機，我就問他們：「肚子痛，會拉肚子嗎？」馬上說會；接著，我又問：「有沒有便秘？」馬上點頭。怎麼可能同時又拉肚子、又便秘？

原來他們來拿藥，不是爲了自己，也不是眞的生病，是因爲家裡太窮困辛苦了，所以很多當地婦女來看診，是爲了儲備家庭用藥，只要醫師問的都答有，就可以盡量拿症狀治療藥物，不管是止痛藥、痠痛貼布、眼藥水……有了這個什麼都有的藥櫃，好像全家健康都有了保障。但是如果遇上慢性病，比方糖尿病、高血壓、膽固醇過高等，就比較爲難。首先，我們下鄉義診時比較少帶這類藥物。其次，慢性病需要一輩子控制，病人走了幾天的路來找我，而我可能就見他們這一次，給他們藥，只有這個月獲得控制，那下個月呢？未來呢？

回臺後，我在臺北榮總進入家醫科，成爲家醫科的總醫師後，曾經不只一次遇到病人一坐下，就跟我說：「醫生，你什麼都不用講，反正我今天是因爲掛不到某某名醫才來找你的，我只是來拿藥，你不用多問，按照這之前的處方，開一樣的藥就好了。」聽到這話，心中有點挫折。可是我看看隔壁診間的家醫科前輩，即便當了高官，沒什麼病人，好像都覺得還好。總之，病患只是來拿藥。

西非跟臺灣，同樣是拿藥，兩種情境，但我的心情，是一樣的無奈。

## 一張名片，讓我換了跑道

西非病人沒錢拿藥控制慢性病，臺灣有健保資源，不少病患拿藥回去後，也不怎麼按時服用。控制慢性病對於當時的我來說不夠有吸引力，因爲年紀太輕，比較喜歡對症下藥後、立竿見影的成就感。

或許因爲這樣的想法，曾經在一場婚禮上交換的名片，又被我找了出來。上面寫著「防疫醫師」。這個人是我在陽明（現更名陽明交大）的學妹，我在空蕩的診間打電話問她，什麼是防疫醫師？

她告訴我，這是政府在ＳＡＲＳ之後建立的制度，用意在國家有傳染病疫情爆發的時候，可以派遣待過醫院、有臨床經驗的醫師，到傳染病爆發的現場，進行病源的調查與防治。當時正好要招考第四屆防疫醫師，剩下一週截止報名，我沒多想，就去報名了。

在那個面試場合，我遇到了羅一鈞（現任衛福部疾管署副署長）。羅一鈞跟我是外交替代役同梯，我抽中布吉納拉索，他抽到馬拉威，退伍返臺後大家各忙各的，很少聯絡，這次竟不約而同在防疫醫師的甄選上重逢，也是巧合。

回想當時的疾管局（現改制爲疾管署）強調「全球合作、防疫在境外」，猜想我在非洲時治療過許多臺灣已經絕跡的傳染病，大概有加分。

面試時，當時的主考官之一、也是時任的副局長，問了我一個問題：「如果你應徵上了，什麼情況下，你會離職？」我被問倒，怎麼有這種問題？我愣了幾秒後說，可能是疫情爆發，在防治上犯了大錯，所以不得不辭職。考官們聽了我的回答後哈哈大笑，整個面試就結束了。

後來，我被通知錄取了。

## 往1%的路上走去

算一算，我是第一屆外交替代役；而防疫醫師，我是這制度創設後的第四屆，比起去非洲當兵，這裡還有一些學長姊走過的路可以參考。雖然如此，報到前幾天心中還是有很多小劇場在對話。

從臨床醫師轉到防疫醫師，我是不是從此不看病了？在醫院當醫師穿著白袍，即便有挫折感，但仍可預期住院醫師之後就是總醫師，接下來就是主治醫師；相較之下，我去當防疫醫師，要去當時的疾管局上班，是一名公務員，接下來的職業發展路徑還未明。還有，我該怎麼跟小孩解釋自己每天在做什麼？

我記得離開北榮的最後一天，遇到我的老師陳震寰教授，曾任陽明大學醫學院院長的他，聽到我將要離開北榮成為防疫醫師，他告訴我，他投入醫學教育，是希望訓練出來的學生能夠有90%是醫術好的醫師，9%的人去做公共衛生，1%的人去做全球衛生，「所以我鼓勵你去！」聽到老師這句話，心中踏實多了。

或許，師長、學長們也都習慣我的非典型決策，因此當我跟原本要去擔任主治醫師的醫院院長告別時，他說：「我們知道這就是你，沒問題的。」院長很平靜地祝福我的新旅程。

選擇轉換跑道，不是因為我已經有多了解防疫醫師的工作，而是因為比起醫師之路，防疫工作對我來說，有更多的未知領域。曾有人開玩笑說，念醫學就像在念職業學校，大一開始你就會知道自己畢業要做什麼、怎麼走：待在大醫院、做研究教學、讀個臨床醫學博士，從講師升到助理教授、副教授、教授……我不是說這是一條容易走的路；相反地，這其實是很不容易的過程，然而這條路，看得見路徑，有模式可循。而我踏上的路，沒有太多前例，而且不太容易回頭。

在我決定去西非當替代役前，教會來了一位來自印度的牧師，他告訴我，在幫我禱告的時候，看到我身邊很多黑人小朋友。我嚇了一大跳！因爲當時我正考慮要不要去非洲當兵，而且除了父母沒有告訴任何人。

這位牧師每隔一段時間，就會到臺灣。在我結束北榮最後一天工作、準備去疾管局報到的週末，剛好他又到我們教會講道，我當晚擔任臺上的同步口譯，把英文翻成臺語，他講到一半突然轉頭跟我說：「你有一個很少見的calling（呼召），這條路繼續往前走，將來會有很多doctors受你影響。」這情況很尷尬，因爲這是非常個人的資訊，我在臺上不知道需不需要翻譯給大家聽。我不知道他口中的doctor指的是醫生，還是有博士學位的人，在我心中當成兩者都有。這事奇特之處，除了他在未被告知下，知道我的情況；還有他剛好都出現在我人生的轉折點，走到十字路口的時候。

所以，我就帶著師長、印度牧師的祝福，離開老師口中90%的人會走的路，朝那9%、甚至1%走去。

第3步——

# 海地世紀大地震

二〇一〇年一月十二日，海地發生一夜奪走幾十萬人性命、芮氏規模七的地震，兩週後，我以疾管局防疫醫師的身分隨國災隊前往救災。

猶記得當時我們穿著醒目的臺灣國際醫衛行動團隊（TaiwanIHA）黃色背心，在美國邁阿密轉機，機場的各國遊客見到我們主動讓開、猛力鼓掌，好像夾道歡送英雄出征一樣，直至此刻，我才了解這災情帶來的震撼是全球都在關注的。

海地，是美洲最貧窮的國家，也是臺灣重要的邦交國。比起很多國家跟臺灣來回斷交、建交，海地從未變心，自五〇年代建交後，一直到現在，邦交關係始終如一。而這次的災情，根據國際紅十字會估計，至少三百萬人口受到影響，首都太子港多數建築倒塌，包括海地總統府、國會、中華民國大使館都是其中的受災戶。在首都震央處一天之內就有數十萬人死亡，這是個很驚悚的數字，因此搶在黃金時間內把人救出是首要之務。

友邦有難，政府陸續派出不同任務的救災團隊前往，第一批首重搜尋被重物壓住的生還者，第二批才有執行義診的醫護人員。

我被派與第二批醫護人員前往災區，主要任務是協助監測海地可能因此爆發的傳染病。地震發生後，傳染病防治是一項非常重要的工作，災民住在帳篷裡，空間緊密，加上沒有下水道系統，污水都往路上倒，最令人擔心的，一是病從口入的傳染性痢疾；二是因爲公費疫苗施打率低，可能發生的麻疹流行。

## 跟對岸解放軍專家一起工作？

地震發生後，聯合國人道事務協調廳（United Nations Office for the Coordination of Humanitarian Affairs, OCHA）即啓動工作，在災區搭起帳篷當協調總部，每天傍晚，不論是官方或NGO，來自全世界共五百多個救援組織都聚集於此開會。臺灣救援團隊抵達海地，也在第一時間到聯合國OCHA的前進指揮所登記。

因爲我是團隊中唯一的衛生署（現爲衛生福利部）官方人員，因此赴任第一天就代表前往開會。在聯合國OCHA的前進指揮帳篷中，大家不分彼此同心協力。哪裡需要小兒科外科醫生，就有人可以支援；哪裡破傷風疫苗用完了，群裡就有人趕快調貨，彼此互相幫助，沒有政治藩籬。

至於傳染病監測狀況，我有點像這個單位的小組長，負責確認傳染病監測工作進度並跟大會報告。臺灣的長官每天都會來電問候，擔心我是不是會被國際排擠，我會用工作照片回報，像是大家非常熱絡討論、訪視民眾等畫面，讓長官們放心。他們之所以這麼擔心，是因爲海地救災工作已由聯合國介入主導，由於我們不是聯合國成員，即使我們跟海地有邦交，一旦有政治考量，很可能不會這麼順利。

因爲大部分的房子都全倒或半倒，而臺灣之前援建海地的國家公衛實驗室沒有絲毫損壞，因此，我參與的疫情監測小組就在這棟建築裡進行，不只國家公衛實驗室是臺灣援建，整個監測小組外出調查通報的疫情時，都是搭我們的公務車。

這小組有許多組織與國際專家，包括世界衛生組織（WHO）、無國界醫師、海地的疾管署、加拿大法語區專家、古巴和對岸的專家等。其中古巴和對岸的團隊都是以病媒蚊防治爲主的專家。來自對岸的團隊，是解放軍的公衛專家，我跟大家在同一個工作小組，討論如何進行監測，讓受災民眾可以有好的衛生安全環境。

我們跟解放軍專家一起進行專業的討論，爲了這世紀大災難的人道救援，本來無關政治，但其陣仗較大，除了隨團的中法翻譯，北京也派了中央電視臺攝影人員，來拍攝工作畫面，我們的大使館一看到這個畫面，哇，不得了了！長官敏銳地察覺，這畫面會很不好說明，被詮釋的空間很大。例如，我們有沒有可能被對岸官媒吃豆腐？或者被誤解、渲染？因此外交人員提醒我：「開會的時候，盡量跟解放軍專家拉開距離、坐遠一點，最好不要被拍到。」

就在這個敏感時刻，我還在想該怎麼在疫情監測小組裡同時參與，又能兼顧外交考量。此時發生了很巧的事情！來自加拿大蒙特婁的專家說，這個工作小組是要去現場調查，直接對民眾進行訪查，了解他們的疾病狀況，因此建議不會法文的人不要參加。當時這個工作小組的所有專家，都至少通英文、法文、西班牙文其中兩種語言，只有對岸專家需要仰賴翻譯，無法在第一線與民眾流利地溝通，因此他們決定退出，第二天就眞的沒再出現了。

長官警報解除！

## 總統指示成立五人小組協助重建

當時是馬政府執政時期，馬總統在第一時間就提出援助海地具體方案，包括成立衛生中心、提供一千兩百戶永久屋安置六千人、設立職業訓練中心，以及民間團體認養八千至一萬名貧童與孤兒。總統指示派遣五人小組前往海地，討論援助的規劃，五人中有一名需要來自現在的衛福部、當時的衛生署。署裡的長官向總統府回報，海地已經有一個人在、而且會法文（就是我），所以不用再派人來。

當臺灣來的部會代表抵達，我們的五人小組跟海地由總理領銜的政府五位高階官員，一起召開會議。當時已經沒有像樣的建築物可以容納我們雙方開會，最後我們是擠在一個沒震倒的警察局裡開會，一間小房間，十個人就塞滿了！

代表馬總統的五人小組，帶隊的團長是當時的國合會秘書長陶文隆。這個人是性情中人，當著海地總理一行五人的面，他用中文感性地跟我方溝通說：「我們都是代表政府與國家的人，但是現在這個情況，就不要再低著頭等待長官指示，有話就講，想到怎麼做就提出來討論，因爲總統已經充分授權，我們就是大家同心協力，一起來腦力激盪，看怎麼幫助這個國家！」聽他這麼說，我是滿認同也滿感動的。

輪到我表達想法時，我說，臺灣剛走過九二一大地震十週年，當年地震發生，我也是第一時間就去了災區中寮，回首這十年，許多受災家庭的孩子們在艱困的環境中長大成人。海地現在最急迫需要的，也許是傳染病防治、房屋硬體重建、經濟復甦等；但之後很多人必須面對失去親人的傷痛，這條身心受創的重建過程，是非常漫長的一條路。

也許我們可以把九二一的經驗帶來海地，讓身心專科的醫護人員來協助海地人民心靈重建。這個想法雖然有獲得在場的雙方認可，但後來並未落地成爲專案執行。我想可能是因爲我們國家相對應的身心科醫護人員要能夠遠赴海地投入援助，資源也是有限的。

## 人生最奇特的旅程之一

那段時間，我跟著海地疾管署的署長每天到各災民收容所訪查，有不少外國醫師通報疑似痲疹個案，我們一收到通報就去現場，擔心傳染病大流行，還好都是虛驚一場。

期間有個畫面，至今我仍然印象深刻。有一回，我跟海地疾管署的署長外出的路上，他突然說要停車，回家拿東西。講完，他就進去那個「家」。眼前的空間根本是廢墟，也看得出在地震前就已經是個非常破舊的房舍。他們的環境如此艱困，仍全力以赴做該做的事，自己晚上回家睡帳棚，白天出門幫助其他睡帳棚的人。

這個插播的畫面，讓我留下很深的衝擊，也明白要更加盡力協助當地人。

拉回到傳染病防治的工作小組上。我們發現海地第一線醫護人員對於傳染病防治並沒有一套SOP，沒有所謂的傳染病防治手冊，因此決定協助海地把這一塊重要的空缺補起來。我們是怎麼做的呢？

當時還沒有WIFI，上網只能用撥接，我用筆電撥接連線上網，連到臺灣疾管署的網站查詢傳染病防治手冊，逐條用法文唸出來，團隊裡的大家同意後，由加拿大的專家負責謄寫下來。過程中如果發生疑問時，我還要打電話回署裡請教負責撰寫的同仁。就這樣一點一滴地幫海地建構了一套傳染病防治流程。

後來，海地的五年重建計畫，在公共衛生方面，讓疾管署人員來臺灣學習，我們幫助他們建構中央實驗室的能量；也帶他們去參觀臺灣各地衛生所，了解基層公衛的防疫體系。

我在海地工作大約三個星期，在那段時間，我不斷與臺灣保持聯繫，回報當地狀況，不只是工作本身，也包括政治環境。後來我才知道這些互動，已被當時的署長、副署長注意到，因此他們下了結論，就是我適合被外派。海地經驗，是防疫醫師的工作，卻也醞釀了我踏上醫療外交官的路。

我們疫情監測工作小組結束海地的工作後，海地不幸地爆發霍亂大流行，是近幾十年來最嚴重的疫情。霍亂的源頭是聯合國的維和部隊帶進來的，這批維和部隊是從中亞被派來海地支援，成員來自四面八方，狀況也較複雜。聽起來有點荒謬，原本是要幫助海地，卻讓海地的公衛體系崩潰。

在海地的三週，其實是在一個極危險的狀態裡工作：隨時可能發生很大的餘震或爆發傳染病。當時我的家人在臺灣，聽到我每天報平安，好像也沒意識到身處的環境有多危險。多年後，每當想起當年在邁阿密轉機，受到機場內往來的國際旅人夾道鼓掌歡送，在海地跟聯合國、五百多個國際組織一起奮鬥，還有出差期間那些餘震不斷的日子，才不禁感嘆，也許這真的是我人生最奇特的旅程之一。

第4步——

# 我心中的上上籤：花蓮

離開臨床工作，跑來疾管局擔任防疫醫師，很大的挑戰是，不知道怎麼跟親友解釋自己在做什麼？更大的挑戰是，我一開始也不太了解這個單位究竟在做些什麼。

若以現在來看，情況大不同。因爲COVID-19疫情爆發後，衛福部和疾病管制署（過去的疾管局）每天開記者會，拉近與民眾的距離。中央流行疫情指揮中心幾乎陪伴臺灣人走過三年半的時間，疾管署成了大家熟悉的政府單位之一；或許該感謝這段疫情，讓大家明白防疫工作與疾管署扮演的角色，與每一個人息息相關。

## 疫情調查初體驗：百日咳、傷寒

遇到火災，大家應該趕緊逃離，只有消防隊員需要衝入現場救人，防疫醫師就是這個概念。傳染病爆發的時候，他們需要前往疫情前線調查、控制疫情。因此，懂得現場流行病學（field epidemiology）加上待過醫院、有臨床經驗，就是防疫醫師需要具備的基本條件。

身爲防疫醫師，我人生第一個疫情調查是發生在臺中。有一位醫師通報自己兒子爲疑似百日咳案例，因爲他發現小孩久咳不癒，這讓身爲開業醫師、曾經治療過無數個上呼吸道感染者的父親覺得奇怪，爲什麼總是治不好，而且咳的聲音有點怪，是一種很特殊的哮鳴聲，像狗的叫聲。

這位醫師父親自己查了教科書，覺得孩子應該是百日咳，便立即通報主管機關。果不其然，確診百日咳，而且兒子班上很多人都已經有類似症狀，一起通報檢驗後，也陸續被確診爲百日咳。因此，我們就到學校班級調查，試圖找出傳染途徑，了解到底傳給了誰？有沒有進一步擴散？並且做了全班的衛教，以及預防性投藥，囊括潛在的、已被傳染的人，目的就是要把細菌全部殺光、終止傳染鏈。

過沒多久，臺灣在很短的時間內有數個印尼移工被通報爲傷寒個案，經過分子流行病學的分析，推論爲疑似從印尼境外移入。在同一時期，香港的疾控中心也發布，他們監測到有來自印尼境外移入的傷寒疫情。我們當時認爲這需要做疫情調查，所以我被派去印尼做疫調。

親赴印尼疫調不是開玩笑的事。當時是兩億人口的印尼，要怎麼調查？其實出門前，我們已經鎖定一些方向，根據潛伏期，還有移工們的共同暴露地點，研判帶來疫情的起源，是這些移工來臺前，需要集中居住三個月的訓練中心，因此我去了幾個特定的訓練學校，期待查出來源。

此行出差，我發現印尼移工們，被業者介紹到訓練中心後，就無法返家，直到出發前往臺灣前，都要住在中心三個月。身無分文的他們，需要跟臺灣的三家銀行貸款，支付仲介費、訓練費、機票費和身體檢查等費用，為了省吃儉用，在訓練中心過得很刻苦。有些中心的廁所竟然不提供衛生紙，要自費購買，衛生環境不佳，加上他們輪流負責夥房工作，因此病從口入的傳染病就在中心爆發。

雖然為他們感到辛酸，但令人暖心的是，原來我所訪視的業者以抽籤決定移工們被派往服務的國家，訓練期間的宿舍名稱是根據派駐點命名，我在「臺灣宿舍」前拍了一張照片，因為在臺灣、香港、中東三個目的地中，臺灣是大家的首選，住在這個宿舍的人，幸福感比同儕高。

不論是百日咳或傷寒，很明顯地，不是嚇人的流行傳染疾病，需要穿太空裝、交代好後事才去前線上班的疫情。但是對剛當上防疫醫師的我來說，這兩次疫調初體驗是很有意義的，讓我順利地從臨床醫師換跑道做現場疫情調查，可以從比較不棘手的狀態中，做中學、學中做。

## 沒人想去的花蓮，是我的夢想

二〇〇九年，我剛到疾管局，當時全臺灣大概有二十多個防疫醫師，九個是臺北人，經過第一年訓練後就要分發到各地。疾管局在全國有北、中、南、東各地共六個分局，臺北人幾乎都想留在臺北，花蓮分局的缺，一直都是輪流前往值班，出差兩週支援花蓮、臺東兩縣市，然後再換下一個人。我當時很想派去花蓮，至於會去多久，我不知道。

身爲基督徒，用教會的語言來說，那叫做心中有「感動」要去花蓮，我跟太太確認後，她也認同。於是我跟同事們宣布，自願前往花蓮，有學長好心提醒，建議我不要那麼衝動，最好還是跟大家一起抽籤，免得未來後悔。

於是我跟大家一起抽籤，我抽到一號，就有優先選擇權，臺北只有兩個缺，但我還是投下花蓮，這時所有臺北人鬆了一口氣！事後，好心的學長跟我說，一號籤這樣用實在太浪費，因爲抽最後一號也可以去花蓮，我的一號籤賣五萬元應該有同事會買單。雖然是玩笑話，但也充分反映了大家想留在總部歷練的心情。

既然感覺有上帝帶領，那麼花蓮就是我心中的上上籤，如果說每一個十字路口都需要有來自天堂的訊號，既然這次印度牧師沒出現，那麼抽中一號這件事，就像是主的訊息，告訴我沒問題、往前行。

於是，我們全家開心地從臺北搬去花蓮，剛到時先租房子住。哪知某天，我太太開門回家，發現沙發上坐了一排人，第一位是房東太太，還來不及開口問她：「你怎麼會在我們家？」房東太太先問：「你怎麼這麼晚回來？」她接著說：「我這些朋友從臺北來玩，她們想看看連加恩醫師本人長什麼樣？」我太太又氣又笑，原來要怪我們太晚回來，害這些人情味爆表的可愛長輩等這麼久！

因爲被嚇到，我們加速搬家的目標，買了一棟工作地點附近、新建案中最便宜的透天厝。臺北的居住空間小，入住透天厝是我的夢想，本來以爲退休後才有機會，沒想到可以提前實現，實在太棒了。

## H1N1來襲，啓動防疫作戰

二〇〇九年，我們在花蓮穩定下來，正值原本稱爲豬流感（swine flu）的H1N1全球疫情。疫情早期從墨西哥傳出，防疫醫師們都要輪值等候每天早晨五點多從美墨來的班機，因此前一晚就得先睡在機場值班室，在飛機抵臺、乘客下機前，我們要先穿好隔離衣登機檢查，確認乘客有無症狀，沒問題的才能辦理入境，否則直接送隔離病房。

當時H1N1是一種很新的流行傳染病，大眾對於疫苗的狀態，有很多不熟悉的狀況。我人在花蓮分局，因此花東地區任何人打了H1N1疫苗後產生的疑難雜症，只要通報不良反應，包含近視度數變深、開車發生車禍等各式狀況，我都必須去醫院調閱病例，或不斷與醫師、民眾溝通。

臺灣第一個因H1N1感染過世的人是二十幾歲的臺東部落青年，我參與了他的解剖，身穿全身密閉的隔離衣跟著法醫一起取樣，這些都是防疫醫師的分內工作。當時全球學術界對於H1N1有多毒、會侵犯哪些器官尚未研究透徹，因此當天臺東衛生局人員在半夜來接我們，送入解剖室，在遠遠的地方跟我們揮手道別，可見大家有多驚恐。

當時的疾管局局長是郭旭崧，他曾在我到職時，寫了一封電郵跟我分享他的理想：他個人非常羨慕國際知名人道醫師、同時也是人類學家、哈佛大學醫學院教授的保羅．法默，因他在國際醫療的偉大貢獻，郭局長因此在疾管局成立一個小團隊，集結對國際醫療有興趣的醫師們，一起做些事情，正因爲要守好臺灣的防疫，了解境外的疫情、國際醫療合作等業務就更重要。

在H1N1疫情發生期間，郭局長又寫信來跟我道謝，理由是看到我自願去花蓮，因此疫情期間，臺灣的北、中、南、東皆能有駐點的防疫醫師參與跟病毒的戰鬥。

同爲防疫醫師的同事們，在疫情期間輪流拍攝疫情防治短片，我收到在臺北榮總服務的同學們調侃：「我在員工餐廳牆上的銀幕看到你拍的宣導短片，我們都要在電視上才知道你的近況。」

在H1N1疫情期間，疾管局在掌握疫情上已有很好的演練，因此後來面對COVID-19時，我們都有了很好的防疫模式可參照，不至於手忙腳亂。

## 讓縣長正視肺結核疫情

H1N1結束後，我開始注意到多重抗藥性肺結核的議題，而且當時花蓮肺結核整體通報比例偏高。由於當時的藥物選擇性很少，被診斷多重抗藥性肺結核的人，根據傳染病防治法規定，必須被隔離在負壓加護病房。

我記得有位來自萬榮鄉的朋友被隔離，他每天早上起來都會哭，因爲被隔離前，太太在山上騎車被撞死，留下三個兒子，分別讀小學、高中、大學。當時隔離可以領每日營養補助費六百元，他設法用這錢養三個孩子，但每天跟孩子通話都會聽到：「爸爸，我好餓！」他沒辦法外出，只要聽到孩子的聲音，就只能哭泣。

後來，我去找當時的縣長傅崐萁，想讓他知道花蓮縣有些地區的肺結核發生率太高、有群聚現象。剛進辦公室時，他還輕鬆以對，以爲並不嚴重，但是我們把預藏在身後的手板拿出來，告訴他，花蓮與全國其他縣市相比，肺結核發生率跟死亡率是全國前兩名。本來輕鬆地坐著的他，一看到這份報告，突然端坐起來，接著馬上把幾個單位首長叫進來，包括衛生局局長、警察局局長等，他決定讓縣政府相關單位配合我們，一起進入發生率高的社區做X光的巡檢。

要讓這些高風險地區的居民出來做篩檢，需要非常多非醫護與非衛生所的人力協助，所以警察、戶政單位等都要支援。居民一個一個照X光，當年的篩檢專案，平均每三百人就會篩出一例確診肺結核。那一年經過大規模篩檢後，肺結核發生率呈現先上升、後下降；上升是因爲提早篩出許多個案，下降是因爲他們接受治療後，被傳染的人減少。

雖然我們搬到花蓮不久，但防疫工作一件接著一件沒停過。不過生活眞的很有趣，我們買了房子後，不再有房東串門子的事，但我太太出去買菜時，幾乎攤販們都認識她，鄉親都很親切，她開玩笑說自己可以選里長了。在這裡，人與人很容易拉近距離，加上我們是外地來的，鄉親又好客，很快就跟當地人打成一片了。

有一天，我突然被通知衛生署副署長蕭美玲要來花蓮開會，她點名找我。因爲她是長官的長官，我也沒多想，我們在花蓮七星潭一間美麗的咖啡廳見面，她坐下來第一句話就說：「連醫師，久仰大名！」我瞬間不知如何回應，覺得有點尷尬。

結束聊天後沒多久，我接到一通電話說衛生署要派一個人去非洲擔任醫療外交官，問我想不想去？原來，跟副署長喝的那杯咖啡，是用來面試的。但是我才剛到花蓮快滿一年、房子也才剛買，難道搬家的時間又到了嗎？我應該再去非洲嗎？

# PART 2

# 多走一哩路，回到非洲

我據實告訴牧師：「這裡不歡迎我。」
牧師說：「那可能代表你應該去。」

## 第5步——

# 太太的內在力量比我更強大

在我好幾次的人生轉折點上，都是她先認為可以離開，換個環境，繼續前往下一站。一路走來，她承受的壓力比我大得多，韌性比我強得多。

我們在花蓮定居大約一年的時間，即便平時工作再忙，只要一有空，我會在週末帶著家人到花蓮各景點走走，因此常跟臺北親友炫耀：「你們得提前好幾週訂旅館、出發前兩週的午夜十二點上網搶火車票；我們都是週六早上從容睡醒後，才隨興決定今天要去七星潭、鯉魚潭或是太魯閣。」

住在臺北人嚮往的度假景點，簡直是奢華的幸福。雖然花蓮人都謙稱這裡是「好山好水好無聊」；但我們全家在那段時間很愉快地享受每一天，有些好友也很羨慕我的生活與工作。

## 這裡不歡迎我！

但是問題來了。房子買了，將近一年來也開始適應花蓮的環境了，我要接受長官的任務，重返非洲嗎？我跟太太很掙扎，陷入深思。後來終於決定答應這個指派前往非洲。

從離開家醫科臨床工作到疾管局防疫醫師，被派到花蓮，接著赴任衛生署駐非醫療外交官，我意識到，每一步都不容易回頭，只能繼續往前走。

疾管局長官建議我去非洲前，可以先出差史瓦濟蘭（現名史瓦帝尼）一趟，除了參與研討會，也跟前任駐非代表交接，因當時衛生署派駐非洲的職缺，正位於史瓦濟蘭大使館中。

經過幾次轉機，好不容易來到史國首都Mbabane，大使館的一位高階長官說，大使不願意見我，因爲大使認爲這裡不需要衛生署派駐人員。這位長官剛好是之前經辦外交替代役的外交部人員，我們是舊識，他進一步說，已被指示寫了一份好幾頁的密電電報傳給外交部，說明駐史瓦濟蘭大使館爲何不需要衛生署派人進駐的理由。

他接著拿出一張兒子在美國大學畢業典禮的照片，然後說了一段語重心長的話：「加恩，外交沒有你想像的那麼簡單。對我來說，最實際的就是駐外有加給，可以賺到美金，養活在美國讀書的孩子，讓他念到大學畢業。外交在很多層面上只是表面功夫，不會帶來實際成果。我們認識這麼久了，所以好心勸你，留在臺灣當醫生就好，醫生的薪水比我們出來領地域加給後的美金還多！你爲什麼要讓自己的妻小經歷這種困頓和搬遷？」

雖然，我知道他這番話是爲了執行上頭交代的任務，勸退衛生署的派任，但也感受到幾分眞誠。我當下馬上傳簡訊給太太：「有人勸我乖乖留在臺灣當醫生，我覺得有點道理。」當時臺灣時間是午夜兩點，人在花蓮的她還沒睡。

她事後說，當下覺得不對勁，因爲這不像我平時會有的反應，於是她把我的文字轉寄給印尼泗水的牧師腓力（Philip Mantofa），他常常關心我們，是我們夫妻的牧師。他半夜一收到訊息後，馬上打越洋電話到史瓦濟蘭給我，問我怎麼了，要幫我禱告。

我據實告訴牧師：「這裡不歡迎我。」牧師說：「那可能代表你應該去。」

## 自願派駐充滿危險的南非

跟牧師掛了電話後次日，我接著到南非出差，南非代表處的長官表示很歡迎衛生署派人過去，因此建議我們把史瓦濟蘭的缺移到南非。當時衛生署長官反對，認爲南非太危險。

我回來臺灣以後，跟他們說，這次出差，看到南非代表處有很多政府單位都有派駐，如果別的部會可以派人，衛生署自然沒有不同的標準。我告訴長官，自己是自願去南非，所以別擔心，後果會自負，長官看到我意志堅定，只好同意。

當然，我們一家人必須告別美好的花蓮生活，先搬回臺北準備出國。二○一○年十二月，我正式派駐南非，那時候三個孩子都還小，老大四歲，老二、老三是十一個月大的雙胞胎，於是我們一家領了五本深藍色的外交護照，正式展開我的外交官職涯，而孩子們就這樣在南非開啓了不一樣的童年。

我一直換工作、搬家，主要是內在有一股需要往前走的驅動力；但我知道，如果沒有太太的全然支持，也很難採取行動。表面看來，她是默默地配合我到處搬家的人，但若細想，我的工作性質是具有挑戰性的，防疫醫師是與傳染病爲伍，風險性高；而這次又要去大家認定危險的南非，我始終認爲太太的內在力量比我更強大。

在我好幾次的人生轉折點上，總是她先認爲可以離開，換個環境，繼續前往下一站，反而是我躊躇了：「眞的嗎？需要這樣嗎？」但後來事實證明她都是對的。

從婚後到目前爲止，我們一家人國內國外共搬家十五次，而多數搬家過程，最辛苦的人就是她，從打包整理到照顧四個孩子（後來我們又添一個寶寶）。每當進入一個新的環境，要適應新的朋友、社區、社群，這一路走來，我想她承受的壓力比我大得多，韌性比我強得多。

回頭看，這趟非洲醫療外交官生涯的奇幻旅程，要歸功於她認出當時傳簡訊的我不像平時老公的樣子，找回並支持總是會選擇冒險的那個眞正的我。

第6步——

# 難民等級外交官

大使出差入住滿是蚊蟲的旅館，外交人員出差只能躲房間吃吐司，這些都是真實故事，發生在許多駐外人員的日常。

一提到外交官，大家多半認爲是光鮮亮麗又體面的工作，而且感覺收入豐厚。過去曾有外交特考的補習班在報紙上刊登廣告，索性把派駐不同國家地域加給多少美金條列出來，讓考生一目了然，吸引人報考。

外交官的薪俸是由兩部分組成，一個是本俸，依照與公務員年資相關的俸點換算的；另一部分就是地域加給金額，按派駐所在地核算。去先進國家或是環境比較艱困的地方，加給金額是不一樣的，如果派去同一個地方，地域加給就是一樣的。

當時去南非的我，年資很淺，本俸是最低的，衛生署派我去南非的長官一查，竟說，沒見過俸點如此低的，還以爲我們醫師的系統不同，算法不一樣，其實不是。因爲各部會通常是較資深的人員才會輪調國外，很少有人像我這麼菜，才當公務員一兩年就出國，所以俸點很低。南非的地域加給不算高，因爲它的經濟情況不上不下，比不上歐美，但也不是非洲最糟的，儘管治安差，還算是中等國家，地域加給只有艱困邦交國的一半而已，我任職的那幾年，剛好是南非幣值的高峰，因此領美金的外交人員就比較辛苦。

## 住滿是蚊蟲的旅館，躲房間吃麵包

在我擔任外交官時，臺灣公務員的差旅費已經很久未隨著物價上漲調整。我外派後第一任的大使老闆，曾經有一次出差到位於中非的安哥拉，雖然很落後，但首都因爲物價飆漲，房價相當貴，而我們的差旅費還停留在很久以前，因此當時換算下來，我們的差旅費一晚只能負擔三分之一的房價。大使捨不得自費補差額，最後只能找一間沒有星級的旅館，房間窗戶基本上就是水泥牆上挖個洞，用木條框起來。當時安哥拉首都瘧疾疫情嚴重，到半夜一堆蚊蟲來襲，大使受不了趕緊逃離，只好自掏腰包貼錢，找了比較像樣的旅館住下來。

這樣的窘境不是只有一次，而是一而再、再而三發生。再舉個例子，每年日內瓦的世界衛生大會（WHA），是我們在國際舞臺上爭取曝光的重要機會。那一年，我成爲代表團的團員從南非飛到日內瓦與會，副署長一下飛機，就熟門熟路地告訴所有衛生署的一級長官們：「來，這裡我很熟悉，帶你們去旅館後面的便利商店，一人買一條吐司。」買吐司？爲什麼要買吐司？特別好吃嗎？我一頭霧水。

原來，大會期間，各國代表湧入旅館，房價水漲船高。而核定的差旅費是固定的，所以我們不得不三個人住一間房，我跟衛生署兩位一級主管同住，即使把三個人的差旅費加在一起，還是無法支付旅館早餐費用。所以這位熟悉當地物價的長官就帶著我們一行人去排隊買吐司。

WHA會議開到一半，副署長說她快退休了，決定咬牙請幾位同仁吃早餐，我也很榮幸被邀請。一到餐廳發現世界各國的代表，不論先進的、落後的國家，都在那裡悠閒地吃早餐，唯獨我們的團員在房間裡面啃麵包。我們五個幸運兒，因爲副署長請客，才有機會進到餐廳裡吃一客早餐。

我拿沙拉時，發現旁邊是南非衛福部的執行長Ms. Precious Matsoso，地位僅次於部長，是眞正每天在決策的人，這位官員的層級，根據當時南非外交部政策，即使是我們的大使，最高也只能見到她的下屬。如果不是下樓吃這頓早餐，幾乎不可能見到面，如今她就在我身旁，這是我整個外交生涯中唯一可以見到她的機會，所以趕緊把握機會跟她寒暄。當入住的各國代表團，優雅又積極地把外交工作延伸到早餐場域，我懷疑當時有多少國家跟我們的團員一樣，三個人擠在一個房間裡面啃吐司配白開水。

這次經驗對我來說，衝擊很大，但故事還沒結束。

## 生活費不夠，動用難民補助資源

我們派駐日內瓦代表處的一位外交官是我的舊識，他們夫婦在大會期間邀請我到家中晚餐，還特別去超市買了食材，招待了豐盛的一餐，我也覺得很開心。原本應該是一次愉快的聚會，但是在餐桌上聊著聊著，我卻越聽越難以下嚥。

這位外交官朋友說，他的薪資不夠生活，投保的給付有上限，所以孩子在日內瓦出生時付不起自費額，只好拜託婦產科醫師打折。婦產科醫師聽了覺得很不可思議，後來動用給國際難民的補助資源，爲朋友的寶貝接生。因爲這樣他們才有辦法把小孩生下來。

日內瓦的物價眞的很高，而我們的外交地域加給或是房屋補助等各種津貼都未與時俱進，完全無法跟上物價，在那裡生活很辛苦。外交官朋友的岳母來看他們夫妻時很不捨，因此不定期就會匯錢，讓他們可以生活下去。有一次，岳母來探望他們，除了給錢，也買了鮭魚餐盒。眼見外交官女婿嚼得很慢，他的岳母忍不住問：「你爲什麼一直咬，不吞下去？」他說：「媽，我太久沒有吃到肉了……」

我當下聽了覺得心酸、傻眼，同時還伴隨罪惡感，因爲當晚餐桌上的食物，可是他們忍痛破費款待我的。但是這樣不可思議的事情不在少數。不論是大使出差入住滿是蚊蟲的旅館，外交官捨不得太快吞下魚肉，或懇求外國醫生減免接生的費用，這些都是眞實故事，而且不只發生在日內瓦，也發生在許多駐外人員的日常。

## 補助看年資，而非需求

在南非首都任職外交工作，有機會接觸世界各國的外交人員，不論再落後的國家，若經濟實力只夠在非洲設一間大使館，那就會設在我住的城市。

因此，我有機會見證，很多經濟比我們落後的國家，外交人員的工作條件與環境都比我們好，這會不會是資源分配的背後邏輯不同？

舉例來說，在南非很大的困境是我的房租補助不夠，如果要住進可以容得下我們一家人的房子，必須再額外貼不少錢。外交人員房租補助跟年資有關，而不是需求，因此職等越高、年資越深，房子就可以租越大。編列補助的邏輯可能是官做越大，就住越體面的房子。相對整個外交體系來說，我較年輕、資淺，孩子們還小，而多數外交人員是較年長、資深才駐外，孩子可能也大了，不一定一起住在駐地，因此房屋需求反而小。這樣的情況就會形成補助與需求呈反比的落差。相較之下，我在南非外交圈的其他國家友人，他們的房租補助是根據有多少人要住來計算，而不是根據年資。

我希望藉由這篇文章，讓更多外館人員的辛苦與處境被還原、被看見。站在第一線替國家打拚的外交人員，應該得到足夠的支持，讓他們沒有後顧之憂。

## 第7步——

# 一場車馬費七百元的演講

一提到預算，我們都很怕花錢被罵，所以採取相對保守、甚至不合常理的規格來因應。最後的結果就是貽笑大方。

我在南非時接到衛生署的公文，要我們去了解世界衛生組織（WHO）如何認定一個國家的藥品監管單位（臺灣稱食藥署），使它成為NRA（National Regulatory Agency）。

認定NRA的好處是，當藥品監管單位被認證後，這個國家自己認證的藥物，比如說疫苗，就可以直接列入WHO援助落後國家的採購清單。譚德賽的前一任秘書長陳馮富珍，在她任內十年的努力下，對岸的國家食藥監總局已經成爲WHO的NRA。因此，我們得到指示，盡快了解NRA如何認證。

## 諾貝爾獎等級或是教授等級？

我們並不熟悉流程，所以收到這個緊急任務的第一步指示是收集資料，並拿到一份WHO四十幾位專家名單。WHO事實上是一個有技術背景的行政中心，全球優秀的學者、專家人才多是外聘，所以這四十幾個人當然不是WHO的員工。其中兩位專家目前人在非洲，我負責的區域正是非洲，所以任務就是去找這兩個人協助臺灣。

怎麼協助？第一步當然是辦研討會，請他們來臺灣指導官員。第一位專家說，他已經離開學術單位，目前在南非一家疫苗廠服務，所以不方便。第二位專家滿合適的，因爲他也幫了很多國家，主要是協助非洲國家法規單位提升能力。我立刻飛去開普敦找他，我們約在桌山（Table Mountain）東麓美麗的Kirstenbosch國家植物園裡喝咖啡，聊得很愉快，他開心地答應來臺灣辦研討會。我們派駐各地的同事，則負責協助去找其餘四十幾個人，看有誰願意來一趟臺灣，出席研討會。

接著，我接到衛生署科長通知，我需要跟專家確認，他的學術地位是諾貝爾獎等級或是教授等級？什麼諾貝爾獎等級？我很驚訝地問。接著他說，我們請外賓來臺灣演講有一套講師費標準，如果他是諾貝爾獎得主，一天是多少錢；沒有諾貝爾獎，就以教授等級視之，一天多少錢，以此類推，副教授、助理教授又是不同的價碼。我請的這位專家是教授，沒有諾貝爾獎，所以一天大約是六、七千臺幣。

科長還提醒，這錢不是直接給對方，我們需要用這筆錢去訂旅館跟支付三餐。由於在臺北接待外賓比較像樣的旅館，每天至少也要五千多塊，核算下來，這位專家遠渡重洋來臺灣幫我們上課四天，最後只會拿到一個牛皮紙袋，裡面有七百元臺幣加上一些銅板。沒錯，七百多臺幣就是這位講者實際拿到的費用。

科長看我不太相信，還強調這不是衛生署訂的標準，它是來自行政院，也就是說，整個政府的標準是一致的，沒有分別。我實在是難以接受這項標準，於是我問外館其他部會有辦過這類活動的人，他們是如何核算經費？各部會的外交官都一致點頭說：「對，就是這樣！」國防部的駐外武官告訴我，因爲知道費用實在太難看，他們都會用許多禮品來補償外賓，所以外賓演講完，照慣例都得抱走一堆杯子、獎牌、提袋等紀念品。

我鼓起很大的勇氣告訴這位專家，如果他願意花一個禮拜的時間（加上搭機）來臺灣演講，我們國家會支付他七百多臺幣。教授靜靜地聽完我的說明，覺得非常不可思議。他說，他也曾幫過更落後的國家，包括衣索比亞等，出席演講的費用都不只如此，感覺臺灣好像在開玩笑。他很直白地說：我不能答應去做一件讓自己不開心的事情。

## 人生沒有這麼多順便

我又追問了疾管署前長官，確認這樣的核算方式是真的嗎？因為我記得擔任防疫醫師時，疾管署三不五時都有國外的防疫專家來臺灣。沒想到長官說是真的，「我們國家其實請不起真正的專家！」我們請來的專家，大概有幾種可能：

第一，他不是真正的國際級專家；第二，他不是特地來演講，可能是訪視親友或者是旅遊，透過長官個人的面子，「順便」安排一次演講，所以就不用花錢。

「順便」這兩字讓我想起一個故事，曾有位市長邀請旅居紐約的臺灣藝術家，想用他的作品美化城市，藝術家照行情開價，價碼卻把市長嚇壞了；而市長把可負擔的預算回報對方後，也把藝術家嚇壞了，雙方價碼相差太遠。

那該怎麼辦？市政府於是提議，藝術家的作品旁會放上他的名字，等於是提供他免費宣傳的空間，順便展出。很可惜，人生沒有這麼多順便。有時候我們覺得是順便，別人不一定要接受我們的順便。

後來，這個推動藥品監管單位獲得國際認證的研討會不了了之，因爲沒有專家願意來。這件事大約是在二〇一一、二〇一二年間，基本上，我們國家也就沒辦法再往這個方向走。或許有人認爲，NRA對臺灣來說，本來就不可能，因爲N指的是國家，我們不是聯合國成員，自然不是WHO會員國，這不是技術問題，而是政治問題。

但我傾向認爲，即使有政治難題，技術部分還是可以先提升、先克服。我們在這部分的投資沒有跟上國際標準，這跟前述的外交官被比照難民收費就醫、在酒店房間裡吃吐司配開水的狀況類似。一提到預算，我們都很怕花錢被罵，所以採取相對保守、甚至不合常理的規格來因應。最後的結果就是貽笑大方。

我曾經在前往嘉義演講的路上車子壞掉，剛好有個開修車廠的教會弟兄在滂沱大雨中來接我，並幫我送車子進廠維修。最後他不收錢，但我覺得他費時費力，必須付錢，他堅持不收，理由是換掉的零件僅一百元。在我看來，不是零件本身的價值而已，是他的時間、專業能力與技術，也必須被考慮進來。跟這位弟兄的對話，讓我不禁想到，我們似乎習慣只以耗材、零件來衡量價值，而忽略了更重要的無形付出，包括時間、專業、知識與經驗等。

這與講師費需要扣除住宿和三餐的概念一樣：我們已經讓你包吃、包住，提供免費來回機票，你開口順便講一點東西又不會花到你的錢，何樂而不爲？

這樣的思維角度，缺乏考量對方實際付出的心力和寶貴的時間成本，他需要爲了不相關的人，放下工作、與家人相處的時間，以及許多責任，更遑論他具有的知識和經驗的價值，豈能用紀念獎杯、環保袋等作爲補償或酬謝？若忽略對方這些價值，證明對人的基本尊重是不足的，又如何奢談與國際接軌呢？

第8步——

# 赤裸裸的外交實務經驗

WHA的外交角力不是在比會議發言次數或內容，真正的戰場是大會外的各國雙邊會議，才是產生實質合作及利益交換的地方。

在我外派那幾年是所謂外交休兵時代，每年世界衛生組織（WHO）在日內瓦舉辦的世界衛生大會（WHA），當時對岸同意臺灣以Chinese Taipei名義入場參與當觀察員，於是WHO發邀請函給我們，政府就組代表團前往出席。後來兩岸關係、國際情勢改變，我們就不能再以觀察員身分進入會場。

以代表團身分入場跟近年臺灣民間動員參與的座位是不同的。如果不是正式代表團，就必須押證件換入場資格，並且坐在三樓跟記者們一起旁觀；如果有正式會員或觀察員資格的代表團可以進到大會堂參加WHA，並且發言參與討論。我有機會參與出席的那幾年，臺灣代表團被安排在同爲觀察員的巴勒斯坦之後發言。正式會員國發言結束後，就會輪到我們發言。

## 外交角力的眞實戰場

第一次出席WHA會議時，突然有位英俊挺拔、膚色黝黑的非洲人拍我肩膀問：「你是不是Dr. Allen?」我說對，他自稱是甘比亞的衛生部次長，他們的部長要找我。當時甘比亞跟我們有邦交，這位次長解釋，他們要跟鄰國象牙海岸簽署雙邊合作MOU（備忘錄），想借用雙方高層在日內瓦的機會進行討論，可是忘了帶翻譯。甘比亞官方語言是英文，而象牙海岸則是法文，兩國語言不通。甘比亞部長不知道從哪裡打聽到我會法文，因此請我幫忙翻譯，我答應後，就被這位次長帶到WHO的一間會議廳。

那一年，正好是象牙海岸的衛生部長擔任大會主席，她是一位肝膽腸胃外科醫師，帶著次長、秘書長走進會議廳，見到我很驚訝，不知道怎麼會有個亞洲人在這裡？我跟她說，我來自臺灣，幫忙擔任英法口譯。

這個雙邊會議，甘比亞與象牙海岸分坐兩邊，雙方各有五人出席。幸好他們討論的合作內容滿單純的，所以我這個從路邊被找來的翻譯懂的詞彙還能撐住。由於甘比亞的經產婦死亡率很高，有許多難產案例，但能執行剖腹產的醫師不足，因此希望象牙海岸可以派婦產科醫師到不同城市駐點服務，同時接受醫學系畢業生去象牙海岸接受訓練。甘比亞部長還強調，這些醫師只要學會剖腹產即可，不需要整套的婦產科專科醫師訓練，我猜這是擔心他們不回來。

象牙海岸部長表示同意派醫師服務並協助培訓，但是由於醫師不會英文，因此要求甘比亞免費提供半年的英文訓練。雙方針對這個議題，一來一往展開合作協議內容商討研議，由於談判的內容跟條件都很簡單，因此雙方快速達成共識、結束會議。

結束臨時口譯員的工作後，想想覺得有些不對勁。當時甘比亞是我們維持多年的邦交國，我國政府每年都有提供醫療援助，爲何還需要跟語言不通、同爲開發中的國家請求援助？我們是否可以扮演更好的角色？因此，一離開會議室，我隨即跑了幾步路到WHO附近的駐日內瓦代表處發了一封電報，記錄這場會議，也傳達我的觀點。

後來想想，這公文要經過外交部再到衛生署，層層批示核轉，可能沒完沒了。於是，我寫了一封電郵給當時的衛福部次長林奏延，向他報告甘比亞的這個需求，次長允諾把這個項目轉給婦產科醫學會和參與甘比亞醫療援助計畫的醫院，希望未來的合作項目能加強。

經過這次事件我才知道，原來整個WHA的外交角力不是在比會議發言次數或內容，眞正的戰場是大會外不斷發生的各國雙邊會議，那才是產生實質合作及國家利益交換的地方，難怪每年WHO的大小會議室都滿檔、很難預約。

## 任務達成，警報解除

另一次在WHA會議中途，我接到坐在記者區的外交部長官打來的電話。

WHA前夕，有立委質疑我國雖然每年獲得去日內瓦參與盛會的門票，但是平時與民生相關的實質技術性會議卻無法參加，因此我們是否出席大會沒什麼差別。因應立委的質問，外交部選出邦交較堅固的七個友邦，請他們在大會中發言相挺，支持我國參與。

每個邦交國都至少有一名外交人員盯著，看他們是否依約幫臺灣發言。我們坐在代表團的席位，外交部派出盯梢的長官坐在記者區，一對一緊迫盯人，看看這些國家有沒有發言相挺。一有發言，負責人就打電報回報外交部，任務便可解除。

外交部長官打給我，要我把聖多美普林西比的代表團成員，也就是該國的疾管署署長，以及她的同事都找到外面。我把這些人找齊後，才知道怎麼回事。

原來，輪到聖多美發言時，卻遲遲沒有幫臺灣發聲，但眼看時間一直過去，會議即將接近尾聲。聖多美代表團的機票是我國買單，拿錢不辦事怎麼行？這個負責盯梢聖多美的外交部人員非常著急，因爲只剩這個國家沒爲臺灣發聲，其他人都已完成使命，眼看他們就要提前返回聖多美，若這個國家開了天窗，他很難向外交部長官與立法院交代。

聖多美署長說，因爲當天WHA在討論的主題是WHO財務改革，這時突然發言要支持中華民國加入WHO，有點不太恰當。我滿同意這個說法，因爲這樣做，說不定會被說成我們是國際組織裡的搗蛋者，大家討論技術問題，邦交國突然插播政治議題，觀感可能不好。不料，心急的外交部長官急著打斷我：你怎麼還幫聖多美說話？

爲了緩和僵局，我提議，既然機票是外交部買的，不然我們就幫該國人員改機票，請他們延後一天返國，並利用接下來的議程找機會發言。後來外交部和聖多美都同意，就趕緊把機票改了，但這場戲還沒演完。為了安全起見，這位外交部長官找我跟聖多美署長一起共進晚餐，想跟她曉以大義。

這一餐非常昂貴，我們平常不可能來這裡用餐，我跟外交部長官坐一起，聖多美署長坐在我們對面。長官很熱絡地幫署長夾菜，親切地招呼她。突然，這位長官接了通電話，掛上後就跟署長說：「我們駐聖多美大使已經跟你們總理見面了，他們達成共識，如果這次你沒發言的話，下飛機後就直接被炒魷魚！」

我當時聽到這話嚇了一跳！更讓我驚訝的是，這位長官面不改色，表情跟語氣還是一樣親切，繼續幫對方夾菜，晚宴結束後，她還起身與對方相擁行吻頰之禮，但是對方整個人都僵了，根本已經嚇壞。

這頓飯，就是聖多美的鴻門宴啊！這次經驗讓我開了眼界，外交實務工作有時候就是得這麼赤裸裸。

看起來我們已經達成共識，聖多美署長會找機會幫我們發言。第二天早上，我們又到了現場，排隊入場時，需先領取紙本議程，才知道議程又改了，新的議程叫做WHO區屬會議的改革。WHO有很多分區，像我們算是西太平洋區，總部在菲律賓。這個區屬會議改革的議題又產生新的困難，怎麼讓聖多美代表舉手發言挺臺灣？

後來，排在我前面的臺灣官員、曾任高雄衛生局局長的林立人醫師，他注意到這個議程很有意思，因爲某會員國提議，區屬會議改革內容，包括可以自己定義觀察員。

Bingo！太棒了！當區屬會議可以自行定義觀察員，聖多美就可以說，他們支持這項改革，我們就可以加入區屬會議。於是我們趕緊把那位無辜、不通英文的聖多美官員找來，用法文寫了三行字讓她照唸：「聖多美普林西比支持區屬會議改革提案，讓各區屬會議自行定義觀察員，並支持中華民國臺灣實質參與區署會議及WHO各項活動。」

臺灣如果能夠參與區署會議，就會更有實質效益，因爲這跟整個地區的疾病流行、人口移動、健康議題都密切相關。這項議程的變更，最後也讓聖多美署長順勢替我們發言，並且不會丟臉。

任務達成，警報解除！

## 治安不好的生活日常

WHA我參與兩次，第二次去的時候，總共出差三週。

出差的最後一天，我太太打電話說，鄰居遭歹徒持槍搶劫。由於整個社區只有三戶住家，被搶的是住我家對門的大學生，她直接舉手就範，配合歹徒，因此被搶走不少東西，她的室友原本拿出球棒要跟歹徒搏鬥，不過歹徒已經跑了。其實南非的搶匪有時比被搶的人還緊張，過程稍有耽擱遲疑，可能就會直接開槍。

這次搶劫，幸好只有財物損失，沒有人受傷。不過歹徒取走了車鎖匙，果然深夜時又來了一組人，嘗試衝進來開車，所幸鄰居雇用臨時警衛守夜，才沒讓他們得逞。

在日內瓦搭機返回南非駐地前，接到太太這通電話，心情五味雜陳，因為她一個人在家，孩子們又很小，可能會驚嚇哭喊，歹徒看到小孩無法配合可能就開槍了。我該感謝主，歹徒搶的是鄰居不是我家嗎？好像不妥。總之感謝主，沒有人受傷，只有財務損失。

治安不好的壓力一直是我們的南非生活日常，雖然赴任前就被告誡過，但沒有親身經歷時無法切身感受。這有點像近幾年的臺海情勢，遠在國外的朋友都認為臺灣不安全，但是生活在這裡的我們並不覺得，仍舊照常過日子。當時在南非，就是這種感受。如果你去問住在南非的臺灣人：「那麼可怕、那麼危險的地方，你們還住得下去？」他們都會一笑置之。

生活在裡面看南非，跟從外頭看南非，是不一樣的角度。

不過，在南非生活的確是得時時保持高度警覺。比方說，在路邊紅燈停下來，我會習慣四處張望，看看有沒有人會衝過來把車窗打破；在停車場停車時，也會記得不要把看起來有價值的東西放在車上，至少不放在明顯的位置，或者出門前就把東西移到後車廂，以免車窗因此被打破。聽起來，好像眞的很緊張、很不方便，但是那種高度警覺也成了生活的一部分，其實是會慢慢習慣的。

有沒有後悔來南非？現在回想，並沒有。我想這就是當外派人員的部分日常。

## 第9步——

# 我被搶了！南非警察賺外快

每當在南非開車時看到警察，都還是覺得跟看到歹徒一樣，想要趕快閃遠一點。

剛來南非時是醫療外交官的身分，工作職責是醫療外交（Medical Diplomacy），國家希望用醫療援助突破一些外交上的困境。

我有一位同事因爲受不了其他人用年事已高、身體不便爲由，叫他去接送機、包辦大家不想做的大小雜事，於是提前申請回國。他離開後，我便開始了一段不斷被叫去接送機的日子，頻率高到常出入機場的僑胞見到我都忍不住問：「怎麼又是你？」他們都知道我是所謂的外單位（衛生署，而非外交部），這些業務跟醫療無關。

## 痛苦的往事回想起來變成一笑置之的傻事

記得二〇一一年七月的某個週日早晨，我送走臺灣來的訪賓，開著有外交車牌的駐館公務車，在機場通往國道的路上被兩個警察攔下來，一個肥壯一個瘦小，瘦小的很明顯已經喝醉。

清醒的那位說：「你剛剛停車標誌沒停。」

我說：「有啊，我很明顯有。」

他繼續說：「你的駕照給我看。」

很不巧，我那天沒帶：「我今早五點鐘匆匆趕出門，忘記了，眞抱歉。」

他說：「那你跟我到警察局一趟。」

我說：「我是外交官，這輛車有外交車牌，現在是執行公務，麻煩您給我罰單，我們會處理。」

那位瘦小、喝醉的警察忽然大吼：「什麼外交官，你是Zuma（南非總統祖馬）也一樣！」

沒多久，兩人跳上車，開始到處搜索，要求我把車子開到警察局。剛當外交官半年左右的我實在太嫩，被他們突兀的舉動嚇到有點不知所措；其實只要態度更堅定或是引用外交國際公約，他們就會乖乖下車。很明顯的，他們是真的警察，但已下班，非值勤時間，是出來賺外快的。

在車上僵持了一陣子，兩位警察要求我打開皮夾，不幸的是裡面有一張百元美鈔，他們說：「給這張，就放你走。」我要求他們先下車才給錢，兩人隨即乖乖下車，在車外引頸企盼。這時我腦中閃過猛踩油門加速離開的念頭，可是想到有位歐洲外交官在非洲某國開車時，被警察從後面開槍，子彈貫穿頭顱而死，於是打消這個念頭。

在車上斡旋的過程，我隱約察覺沒喝醉的警察可能有點基督教背景（南非超過百分之七十的人在基督教文化長大），因爲我提到要趕回家帶孩子去教堂時，他態度似乎有軟化。因此，當兩人站在車外，殷切期盼我遞出那張百元美鈔時，我決定做最後一次嘗試，看看能否留下這張鈔票；我伸手示意，請這位警察靠近車窗，然後搭著他肩膀、用力地看著他的雙眼說：「My brother, Jesus loves you, don't sin.（我的兄弟，耶穌愛你，不要犯罪。）」

這位警察的表情變得非常凝重，好像被震懾到了，停頓兩三秒沒講話之後，他緩緩伸手把我的美鈔拿走。我快速的把車開走，當下有種被剝掉兩層皮的感覺。

事發後，駐館有一些動作，義憤塡膺的同事幫我寫外交節略跟南非外交部抗議，南非外交警察隊派人調查，但所有的調查都不了了之。不變的是，我被叫去機場接送機的頻率。當時館內的警政署駐外人員得知後想幫我，拿來一個檔案夾說：「加恩，這個檔案夾是南非警察專用的，你開車時只要把它放在顯眼處，他們知道是自己人，就不會找麻煩了。」

感謝警政署同仁的愛心，我第一次使用這個檔案夾時，機場警察遠遠看到我的車就舉手攔下說：「你怎麼會有這個？你不是南非警方，放這個檔案夾在車上是非法的行爲喔！」還好這次他們要的不是美鈔，費了好多唇舌解釋，終於被放行了。

經歷過這些，每當在南非開車時看到警察，都還是覺得跟看到歹徒一樣，想要趕快閃遠一點。

原來，痛苦的往事回想起來變成一笑置之的傻事，可以當笑話講。

事後，我對於需要常常去接送機越來越感到心力交瘁，因爲屆齡退休的同事比例過高，當時的大使提出要我也接下館裡的會計業務，由於沒有外部單位的駐外人員接整個駐館會計的前例，大使想寫電報回去國內請示，還好副館長以不應該讓外部單位的人知道太多機密爲由，勸退了老闆，此事才作罷。

在我最挫折的時期，我從抽屜裡找到一盒聖經經文卡，發現了一句我從小出入教會從來沒注意過的經文：

事情的終局強如事情的起頭；存心忍耐的，勝過居心驕傲的。

——傳道書7：8

*The end of a thing is better than its beginning; the patient in spirit is better than the proud in spirit.*

——Ecclesiastes 7：8

這句話似乎在告訴我：請繼續忍耐，事情會變好的，有一天回頭看，這些難處想來都將以一抹微笑帶過，寧願咬牙撐過去，也不要輕易用睥睨的態度去看輕你周圍的人或所處的環境。

# PART 3

# 換位思考，感同身受

我們以為的好意，
眞的幫到對方了嗎？

第10步——

# 尼日之行帶給我的震撼

公衛課本上說的沒錯，無法有效改善五歲以下孩童死亡率的地方，很難用介入的方法降低生育率，因為媽媽們不知道哪個孩子會活下來？

我在二〇一〇年到南非赴任前，先來到臺灣世界展望會總部，與當時的歐盟駐臺大使夫人見面，她是服務於國際組織的專家，跟隨夫婿派駐臺灣期間，成爲世展的義工顧問，用她的專業提供免費諮詢。由於她即將調離臺灣，當天見面的目的，是與世展簽約成為下一位義務醫療顧問，我需要她傳授這個工作的內容及注意事項。

## 繞道突破的外交實驗？

會選擇這樣做的原因，是因為有前輩告訴我，臺灣在非洲的處境很艱難，要使用各種方法來做繞道突破，例如在我之前的前輩，需要戴著馬拉威代表團的名牌，才能進入世界衛生大會開會。

那位前輩是盧醫師，但他的長相完全是臺灣人的樣子，雖然上面是寫馬拉威代表團，到WHO也不會被拒絕進入，但這就好像是國王的新衣，大家都知道，只是沒人說破。整個會議就是一位臺灣人當馬拉威代表團成員，也無法幫臺灣發言，因為他的入場券身分是馬拉威。

不過，我還是很佩服盧醫師，他很努力嘗試各種可能性，例如擔任世展的顧問，就是他教我的，這樣就可以跟著世展去一些非邦交國，看看能否用醫療援助與合作嘗試一些外交突破。

其實幫國家交朋友，用這種方式突破實在有限。當時我是菜鳥，前輩教我的就照做，盧醫師說，整個非洲哪裡有WHO相關會議，我都可以報名，去認識這些WHO的官員或者相關高層。但我後來了解，WHO所謂的官員，其實都是技術幕僚或者專家，這些人在政治上的幫助有限，因爲他們眞的就是技術性官員。

我記得COVID-19疫情開始時，有一位WHO官員，被一位香港記者問到臺灣的事情，那位官員就跳針，假裝沒聽到，後來變成笑話。譚德賽出來爲他緩頰，他說這些人都是技術人員，不會處理你們這些政治問題，你們要他怎麼辦？這跟我參與兩次世界衛生大會的情況非常類似。

不過，盧醫師依然保持積極，幾乎把用醫療幫國家交朋友這件事提升到情報人員層次。例如，WHO會議在非洲某處開會一經確定，他就會去訂大會指定的旅館；開會期間，每天早上一定提早到餐廳用早餐，當然不是爲了吃，而是要選一個視線最好的位置，一邊用餐，一邊等會議上重要單位的人員一一出現；然後，他會用專業相機遠距拍攝特寫。接著，就端著餐盤上前搭訕，詢問對方可否同桌，想辦法認識這些人。

回到旅館後還不能休息，因爲要存檔、建檔，把收到的名片跟人臉特寫一一比對記錄，最後寫電郵給對方，看看人家願不願意繼續跟你談，若願意，就可以實際拜訪。這種努力過程其實跟超級業務員沒兩樣！只不過外交官推銷的是國家、臺灣的友誼，問對方要不要買單。

我也這樣實地演練過，平均寫個兩百封電郵，最後可能只得到個位數的回應。業績不太理想，不過也因此跑了很多地方。譬如我去衣索比亞的首都阿迪斯阿貝巴，進到非洲聯盟（African Union）的總部開氣候變遷的會議，跟各國的專家討論氣候變遷造成的傳染病病媒蚊地理分布的改變，有些國家過去沒有非洲昏睡症、登革熱，現在都出現了，這些全跟氣候變遷有關。

此外，我也曾去尚比亞境內的維多利亞大瀑布旁，跟聯合國體系的國際移民組織ＩＯＭ開會，討論移動人口的愛滋病傳播問題；到波扎那的首都嘉柏隆進入南部非洲發展共同體（ＳＡＤＣ）總部討論傳染病防治，並邀請官員訪臺。

最戲劇性的一次，是我當菜鳥外交官一個月時，國內長官說因應民代質疑我們參與國際組織會議不夠多，只要網路查到WHO在非洲有什麼會議，就飛去參加。我搭了紅眼班機，從南非飛到迦納，參加WHO舉辦的essential drug list討論會，討論哪些藥物應列爲基本常備藥物，以利國際援助組織捐贈落後國家。早上會議結束，他們說下午是閉門會議，我沒有邀請函，因此只能參加早上的。於是當天下午我又搭機返回南非，結束一天的迦納出差，不用訂旅館。

回到駐地，我才知道出了大事。有許多大使館的同事受邀參加活動，晚會快結束時，主持人宣布唱臺灣國國歌，拿出臺灣國國旗請大家起立，爲了不惹麻煩，機敏的同事迅速離席，留下的，有人站立也有人不站立。但因爲現場有攝影，沒多久，部分同事就收到臺北的關切，想了解狀況。若沒有去迦納出差，我很可能也會一起去這個晚宴，但因爲我很菜，所以到了現場也不會因應，感謝主讓我順利pass。

以上非洲到處跑的經驗對我個人有幫助，也擴展了我自己的見聞；但對於國家的外交，幫助實在有限。

當時的工作讓我想起國中的美術課，老師第一堂課公布，以後上課每人發一張白紙，隨便你畫什麼，不論優劣，只要交一張就得一分，整個學期交出一百張就得一百分。因爲當時派駐非洲醫療外交官的工作內容沒有被明確定義，好比長官發了一張白紙，要打混摸魚或像無頭蒼蠅到處跑都行，追根究柢是因當時國家沒有一套清晰明確、論述清楚的駐非工作政策方針。

## 人類發展指數倒數三名的國家

在此不討論前面所提在非洲到處開會的實際政治效益，但我的任務之一，是幫助有興趣參與非洲醫療援助合作的臺灣學術、醫療、企業或民間組織，找到並發展醫療合作的機會。畢竟我們的醫衛實力強，但在國際醫療的舞臺卻不多，兩者不成正比，以這個角度而言，當臺灣世展的計畫在非洲有醫療相關的需求時，擔任世展義工顧問，似乎是一個不錯的切入角度。

赴任南非沒多久，就接到布吉納法索技術團的老同事James的電郵，他在世展服務負責西非尼日的計畫，當時他們團隊裡沒有醫療背景的人員，但這次的計畫與營養不良兒童有關，因此邀請我一同前往。

尼日其實是我一直想訪問的國家，它緊鄰我過去服務過的布吉納法索，當我在西非時，它與布國、獅子山共和國同爲聯合國人類發展指數倒數三名的國家。記得一位在布國沙漠工作的日本志工朋友說，她只用了一支Bic（原子筆品牌）賄賂官員，就可以穿越布國邊境到尼日參訪。還有，當年的撿垃圾換舊衣，來自臺灣的五十箱舊衣聽說被送到尼日的邊境。

二〇一一年的尼日非常非常辛苦，原本就糧食生產不足，又遇上旱災和蟲災，造成食物短缺、大量孩童營養不良，因而住院、感染死亡。聯合國的世界農糧組織發布新聞稿，宣告三個城鎮有嚴重糧食安全問題，我要去的Tahoua是其中一個。

因爲找不到合適班機，我不得不從南非搭法航，看著整個非洲從腳下經過、飛越地中海來到巴黎，再轉機循原路往非洲來到尼日首都尼亞美跟James會合。接著搭車前往撒哈拉沙漠方向的Tahoua，我們搭上號稱最適合撒哈拉沙漠的Toyota Pickup，需行駛五、六個小時，老同事跟我說了一些當地的基本背景資料。

出乎意料的是，在這個非邦交國的沙漠小城Tahoua，當時竟有三千個臺灣人透過世展贊助這裡的孩子。臺灣的善心人士太多，多到若想要贊助本土的孩童，是需要排隊的；許多人等不及排隊才能行善，於是愛心滿溢到海外，據說，各國的世展分會都紛紛把計畫書寄來臺灣請求協助，因爲他們知道這裡的善心資源非常多。

好不容易來到Tahoua，與當地居民聊了，才知道事情不是只有媒體報導的旱災、蟲災那麼單純。人們因爲缺乏工作機會，年輕一代都需要遠赴他鄉打工，寄錢回來養家，那一年，發生了利比亞內戰（格達費被格殺），而象牙海岸也發生了總統落選卻拒絕承認（總統府一度有兩個總統），後來演變成數千人死亡的暴力流血衝突事件。兩者以象牙海岸影響較嚴重，因爲這地方素來有種族排外的Ivoirité政策（根據姓氏分辨是否爲純象牙海岸人，比較嚴重的情況是被判爲外國人的財產會被剝奪）。

不幸的是，Tahoua剛好有很多年輕人在上述兩個國家工作賺錢養家，他們因社會動亂失去工作而回到尼日老家，降雨不夠，也沒辦法從事農業生產，整個區域陷入嚴重饑荒。當地人說，返鄉年輕人家裡蹲的情況，可以從通訊產業的蕭條看出來，在西非常可見小孩們在街口販售手機時數的加值卡（類似刮刮樂），因爲外移人口返鄉，加值卡生意驟減。

## 來自臺灣世展的愛心

臺灣世展眞的在這裡做了很多美好的工作，包含興建小學教室、建立連結水井到社區的導水系統、建立平均穀價的農民銀行、協助營養不良孩童介入計畫（用含有花生醬的食物補充包）。在來訪以前，我很難想像在沙漠的邊陲，這個被世界遺忘的角落，被來自臺灣的愛心覆蓋。

我的工作是諮詢，提供建議，我發現當時社區的婦女志工去家訪，尋找家中有營養不良兒童的母親進入介入計畫中，沒有地理區域分工或系統性篩檢的規劃，因此建議建立社區家訪人員的系統性篩檢。雖然我曾經在文化背景相近的鄰國工作生活三年，但這次尼日之行還是有一些震撼與學習：

社區參與、永續經營：臺灣世展建立的導水系統，讓村子的婦女省去每天在酷熱中徒步來回頂水數小時的時間，如今，只要來到社區定點的水龍頭一開，就能取水。社區婦女組成協會，聘請了一個保全，晝夜固守這個水龍頭，並且採使用者付費的概念，每桶水收費五元西非法郎（大約臺幣三分）。該協會很興奮的向我們展示他們的銀行存款，已經有大約臺幣三千元，大家一同討論怎樣運用這筆錢，來進一步改善村民的生活。

世界上育齡婦女生產率最高：我跟一位已經因為饑荒、兒童營養不良等原因而失去三個寶寶的媽媽談話，問她還會不會再繼續生？她毫不猶豫地說會！公衛課本上說的沒錯，無法有效改善五歲以下孩童死亡率的地方，很難用介入的方法降低生育率，因爲媽媽們不知道哪個孩子會活下來？沒有把握會失去誰，誰又能順利長大？

四十五度天空不足以形容：因爲這裡的氣溫隨時都可能飆上攝氏五十度。在布國，我們在傍晚離開冷氣房，是可以在涼爽戶外散步的，在這裡即使到晚上九點還是像烤爐。

水井深度：在布國挖深井，大約在地下五十公尺可以找到水源，在這裡需要地下七百公尺。

幾內亞線蟲：英文名爲Dracunculiasis, Guinea-worm disease（GWD），我第一次來到此病的流行地區，許多人期待，這是一個人類繼天花之後，有機會根除的下一個疾病（也許比小兒痲痺快）。被感染的人需要用細樹枝每天把蟲體捲一點出來，若不愼斷掉，留在體內的蟲體會造成嚴重的免疫反應。目前尚未根除的地方，都有政治的不穩定或內戰，加上COVID-19疫情，也許根除的時程又要往後拖了。

尼日的百姓生活比布國更辛苦：離開前，我在首都的當地世展員工家用餐，看到在布國也未曾見到的廁所景象，只有一根用水泥固定、垂直矗立，大約高度及膝的PVC管，直通下面的糞坑，也就是說你要上大號，就得盡可能對準那根細細的管子，實在是難以想像的畫面。

結束尼日之行，我又往北飛到巴黎，清晨六點抵達，卻要等到晚上十一點才有回南非的班機，有十幾個小時的候機時間。過去每一次經過巴黎我都會進城裡逛逛，因爲對這個城市已經很熟悉。不過那次不同，我一點都不想動，一個人在戴高樂機場裡面搞自閉。

記得整整十七個小時，我從一個航廈換到另外一個航廈，不是發呆、就是在遊客躺椅上嘗試睡著，一方面是離家太久開始想家，所以沒有興致進城玩了；另一方面是尼日之行帶給我的震撼與衝擊，後座力實在太強。

第11步——

# 我們以爲的好意，眞的幫到對方了嗎？

若能從自己的角度去換位感受，再把規模拉到國家層級，這樣才可能有更具體的建設性作為。

跟南非政府推展雙邊關係，恐怕是非邦交國中數一數二困難的。曼德拉政府執政後，徹底執行「一中政策」，我所接觸的南非官員中，至今還有人認爲中華民國政府支持執行種族隔離（Apartheid）的前政府，是對岸幫他們從白人的欺壓中解放的。南非執政黨部分人士對臺灣的這層理解，造成推動與南非雙邊友好的困難，我當時選擇派駐南非，也因此有非常多的挑戰要面對。雖然整個非洲大陸的醫療合作，都劃歸我的業務範圍，但因上班地點是駐南非代表處，沒有在非洲各國到處穿梭、出差的日子，南非衛生部就是需要主力經營關係的對象。

## 外交其實是一種利益交換？

南非衛生部位在首都Pretoria（現改名爲City of Tshwane）的城中區，是治安比較不好的區域。剛赴任時，代表處同事說，他們絕對不會前往該區。

我當時很積極地前往衛生部拜訪官員，由於他們非常忙碌，加上對於與臺灣合作沒有太大興趣，爲了展現誠意，我只能勤跑衛生部拜會。

一開始沒人幫我安排車位，只能停路邊，該區的停車計時收費器是擺好看的，沒有作用，每次車一接近，就會冒出幾個小地痞說要幫我喬位置，並索取費用。許多人靠此維生，這也成爲灰色經濟的一部分。我勤跑這個地方，同事們都捏把冷汗，因爲那的確是非常危險的地方。該區的畫面，我到現在還印象深刻。街道的電線桿有很多奇特的廣告，譬如巫術服務，如何用巫術挽救感情。還有一條街是最出名的販毒區，它就在衛生部大門一出來的斜對面。龍蛇雜處、和平共存，或許這樣形容會比較貼切。

到底我要如何跟南非的衛生部建立關係？一開始是死纏爛打。我在某場合認識一位南非衛生部科長後就不斷拜訪她，找藉口也要去拜會。直到某天，我在她的辦公室時，她接到長官來電，問她在做什麼，她回答：有臺灣來的訪客。長官說：臺灣？馬上叫他上來找我。原來這位長官是主管衛福部底下數個部門的DDG（Deputy Director General），按照他們的政策，這是我國外交官可以接觸的最高層。爲什麼一聽到臺灣就超有興趣？她說，當年他們反對前政府種族隔離政策的時候，流亡到鄰國賴索托，有一家臺灣人照顧他們並與他們成爲好友。這位DDG後來也成爲我的好友，我安排她兒子去臺灣念書，而她成爲我對南非衛生外交工作的切入點。

原來第一步驟是腿要勤，可以說外交工作跟業務代表眞的很像。在公司的業務若是月底交際費沒用完，是會被長官罵不夠勤快的。記得我的一任大使老闆說，他當年在華府當駐美小外交官時，大使中午會不定期巡視，若有同事在辦公桌前吃便當，沒有出去找人吃飯，就會被視爲工作不夠努力。

至於用雙腿跑出一個切入點之後，下一步是什麼？最直接的當然就是提供他們的官員來臺灣訓練參訪的機會，包括參與研討會與各種培訓計畫，當然，這些計畫都要提供機票與食宿，釋出我們的誠意，才能提供他們與臺灣進一步交流的驅動力。這方面會有興趣的多半是中高階主管，實質意義也更大。

我曾聽說我的老闆大使邀請南非高層來臺，非常禮遇對方，提供商務艙機票，結果這位高層聲稱在精品店逛到忘記時間，沒趕上飛機，不知道他是眞的想來，還是只是虛與委蛇，已經不可考。有了前輩的經驗，我在邀請南非衛生部的兩位科長時，非常謹愼地確定對方一定要上飛機，因此我還親自去接人。先去A科長家，她兒子說捨不得跟她分開，所以要一起去機場，路上又說要去商場拿一雙修理的皮鞋，等她拿鞋等了半小時；再去接B科長，她的兒子也要上車，這輛車上，最後坐了兩位科長媽媽與她們的兒子。為了確定她們完成此行，我一路目送她們過海關，她們的兒子也在這頭十八相送。確定兩位科長登機後，兩位公子們跟我說肚子餓了，我還要先帶他們塡飽肚子，再送他們回去。

兩個官員來臺灣後，眞的開了眼界，我們安排的課程非常充實，讓他們參觀臺灣的數位醫療與醫院效率，了解健保與醫護體系，他們很快就成為臺灣的粉絲。回到南非之後，他們就一直跟長官談到臺灣，鼓勵大家來臺灣走一趟，鼓勵南非衛生部可以跟臺灣具體合作。他們找了更高層的長官跟我碰面，那位長官是一位白人，高高瘦瘦，說他知道臺灣很厲害，但是他們已經跟美國疾病管制中心合作了，請兩位科長保持冷靜，不要一頭熱，然後就離開了。雖然我大老遠跑一趟，只有被冷漠的拒絕，但這就是外交工作呀！

話雖如此，這兩位科長後來還是成為我的好朋友，只要我傳簡訊給他們，都會馬上回應，所以我把他們列入「中華民國之友」。「中華民國之友」是什麼？就是每當國慶酒會的時候，這些人就會被邀請來外館一起慶祝。一個外館如果在國慶酒會上都是臺灣人與僑胞，就會顯得辦事不力，但是如果能有各國友人參與，層級越高越好，就會被肯定。所以這兩位科長就變成我們國慶酒會上充人數的固定班底。

當然，能夠很快跟這兩位科長連上線，最主要的原因是他們孩子的未來需要我幫忙——他們很想把孩子送到臺灣念書。一般來說，官員通常都很忙，比較常見的情況是：寫電郵不回，打手機不接，傳簡訊不回，留言不回，打桌機問秘書，即使是屬下也不回。這樣案子怎麼推動？當然不是所有的接觸都這樣碰壁，但遇到的機率是高的，除非像兩位科長，有了直接的連帶關係，也就必須理會我們。

聽起來，外交工作就是一種利益交換？不過，換個角度想，如果換來的是對於彼此都有好處，比方說，我們需要拓展外交、對方想要孩子有更好的前景，這樣的互惠，也是朝共好的方向前進。當然，從中我也慢慢能明白，外交工作是為國家爭面子，但是醫療援助合作是裡子，需要實際產生合作，好讓臺灣的醫衛成果，可以造福合作國家的人民。

## 換位思考，才可能有建設性作爲

臺灣有個宗教團體很喜歡捐輪椅，他們曾經捐了一百五十臺輪椅，要送給南非，因此外交部來函，要代表處想辦法找到要接收的單位。聽起來立意很好，但這些輪椅根本送不出去。因爲你想給的好意，對方不一定想收。這個案子讓當時承辦的外交人員壓力很大，因爲根本找不到人接受這份好意！

最後，我只好找兒子在臺灣念書的科長幫忙處理，她直接叫一家醫院收下。醫院一開始還找理由拒絕，說南非人體位較胖，臺灣送來的輪椅尺寸根本沒法坐。我跟科長說，病人一定是高矮胖瘦都有，如果南非人的體型比一般人、比國際標準更大，那麼南非航空經濟艙的座位應該比人家大才行，既然全世界經濟艙都是一樣大的，表示一體適用的輪椅還是可行才對。總之他們就是不想收，找了各種理由來拒絕。

後來科長運用職權，硬是要醫院收下，運送過程也是問題一堆。包括貨物到了，沒人接收；緊急找窗口，卻找不到人；最後只好讓官員親自來處理。正常情況下，哪個官員願意插手？一般都選擇不接電話、避不見面，才是正常的。這位科長卻是每一通電話都接，終於把事情搞定，如果不是因爲她的孩子在臺灣念書的關係，可能也很難這麼幫忙。

非洲國家習慣的援助規模是更大的，像美國、日本、英國都是上億的金額，但是臺灣的部分NGO比較習慣用自己的方式行善，例如用小規模的物件做他們認爲有效的外交援助，我們的外交部當然不可能拒絕好意，但是政府要協助NGO處理這些事時，過程卻常常得勞師動眾、人仰馬翻！反過來說，當美國、日本、英國的NGO要做這些捐贈，他們會自己處理，不會捐去他們的外交部，要政府協助處理。

我們以爲的好意，眞的幫到對方了嗎？不只外交策略需要思考，日常的人際關係也是，例子比比皆是。若能從自己的角度去換位感受，再把規模拉到國家層級，這樣才可能有更具體的建設性作爲。

# 第12步——

# 到非洲義診，就是史懷哲？

現代史懷哲，並非單槍匹馬，而是一群人、一個體系，不是史懷哲精神過時，而是要從史懷哲1.0升級到史懷哲2.0。

雖然我是派駐南非，但是因爲衛生署只有我一人代表，因此整個非洲都是我的工作轄區，而醫療外交官的工作除了字面上可以理解的範圍之外，還有一個重要的任務就是幫忙評估各種與非洲相關的專案。舉凡想來非洲從事醫療相關工作，常會找上我，要來做醫療生意、人道援助、建教合作、學術研究等，也都會轉給我。

## 一百萬美元的計畫

有一天，我接到一個任務，是要評估一個一百萬美元的計畫。我的桌上出現了外交部的電報外加一個高達七十多頁的附件，原來臺灣有一個團體，想在馬達加斯加進行公共衛生計畫，跟外交部申請一百萬美元的補助。這聽起來有點奇怪，因爲當時的政策，已經從烽火外交進入外交休兵，而馬達加斯加屬於非邦交國，大使館也撤了多年，加上我所在的南非代表處，兼管鄰近的十多個非邦交國（我們稱爲兼轄國），在這些非邦交國，即使是要從臺北的長官那邊得到五萬或十萬美元來做其中任何一國的人道援助，都非常困難。這個團體說他們得到經費的機會很大，只是臺北的長官希望我評估一下這個計畫。

我看了一下計畫，合作對象的來頭不小，是世界衛生組織駐馬國辦公室的主任R醫師，當過馬國醫學院院長，很容易就能在網路上找到他的聯絡方式，我直接打電話給他，沒想到對方說，他沒聽過這個計畫。爲了愼重起見，經過討論，我們決定先邀請他來臺灣參加臺灣健康論壇。於是，我出差回到臺灣，陪同這位外賓，也邀了其他兩位馬國醫衛界人士同行。

陪著外賓參訪醫療院所、見證臺灣醫療的超高效率，通常是這種行程的最大亮點之一。這部分通常我們會找一間醫院做「醫療體驗」，從看診、去照X光、回診間看影像、抽血、計價、領藥只要二十五分鐘，最後，告訴外賓如果病人自費的金額是多少、走健保的話要付多少。很多非洲外賓並非不相信臺灣醫療的超高效率又極爲便宜，但往往頻頻搖頭說：「你們這些人是活在二十三世紀。」我的外賓們最後直接放棄跟臺灣取經，覺得差距實在太遠，特別是醫療資訊和醫院管理效能方面。

除了一〇一大樓、士林夜市之外，還有一個必備行程是健保署大樓的頂樓簡報室，那個地方已經接待過全球超過一百個國家的外賓，要來跟臺灣取經健保制度。我猜測接待外賓的業務量實在太大，如果不設專門講解人員，一定會影響抽身來介紹的人員原本的業務，要不然就要用輪流的方式，因此，每次簡報品質是有些差異的。雖然每個爲外賓介紹的同仁對業務都超級熟悉，但要遇到能用英文流暢表達的，要靠運氣。我想健保署長官也知道這點，因此如果遇到超級大咖的外賓，就會另請專業口譯員，這也不能怪這些官員，因爲健保系統的繁瑣，有時連口譯員也不一定能完全掌握。

另外一個醫療界外賓參觀的熱門「景點」，是花蓮縣秀林鄉衛生所，因爲山明水秀，又有部落成功防治疾病的公衛戰績，該衛生所的田主任有個簡報檔都不知道講了多少次了。

這些年來，有好多外賓抱怨，在臺灣期間吃太多太好，體重迅速攀升。有時候，我也會在外賓的回饋中，看到臺灣的難能可貴。那次的論壇，我需要接待不只一個非洲國家的衛生高層，在午餐期間，發現外賓們正在激動討論：他們看到衛福部次長離開會場，攔了計程車要趕回去上班。對他們來說很不可思議，以他們的標準，至少要有黑頭車、隨扈、警車開道等等。

講回那個計畫，其實我的工作不是在辦公桌前決定支持或否決這個計畫，重點是透過這個機會幫國家擴展一些非洲的醫衛人脈，並且把臺灣的醫療能量分享給非洲的朋友，不管是友邦或者是非邦交國。因此，以這個觀點來說，那份計畫書可以先放一邊。但，外交部長官和那個團體很想知道該計畫的可行性，於是我帶著馬國外賓來到一個餐廳的大包廂聚餐。餐桌上，外交部來了兩個科長，以及那個團體的主事者，還有當初負責寫計畫的人。

那本計畫，除了該組織想要派駐馬國人員的人事費占比、業務費的耗材（寄生蟲檢驗試劑）太高之外，其實有一個主要的問題，就是封面的主旨寫著：「因應聯合國千禧年發展目標（MDG）降低馬國孩童死亡率」，但內容講的是要在馬國的數個小學大量普篩檢測阿米巴原蟲，並且投藥治療。問題是，小學年齡孩童的主要死因中，阿米巴排得很後面，阿米巴痢疾也可帶原不致死，全部篩檢投藥要怎樣達成死亡率降低的目標呢？

上了餐桌，其中一個科長說，因爲有很多醫學名詞，所以需要我擔任口譯，於是我沒有機會表達意見，只能忠實傳譯，我發現世界衛生組織馬國辦公室的R醫師對於計畫也有很多疑問，因此我不用出聲，對方已提出很多質疑。我看到兩位科長不時細聲交談，從他們表情看得出來，也對這一百萬美元的贊助不以爲然。爲了緩頰，我提出，不然看看有沒有別的重大公共衛生議題，是這個團體有興趣的？那位負責寫計畫的人是一位博士班學生，於是提起不同的寄生蟲：「要不然非洲昏睡症呢？要不然蛔蟲呢？」這些病若不是有國際援助、學術團體行之有年在做，就是對公共衛生影響不太大，兩位科長不斷搖頭，吃飯吃到一半，那位計畫撰寫人起身離席，他說：「我跟同學約好要去爬山，先走一步了。」

看來這一百萬美元的計畫不是那麼周詳，但是大家是有合作誠意的，特別是在臺灣看了一輪我國的醫療實力後，R醫師不太可能就這樣錯失跟我們合作的機會，當場大家的共識是，由我出差去馬達加斯加一趟，偕同這個團體預計要派駐馬國的人員，由R醫師協助安排，去訪視不同單位，再來研議合作項目。於是，回南非駐地之後沒多久，我就從南非約翰尼斯堡搭上一班小型飛機，飛往馬達加斯加首都Antananarivo。

# 馬達加斯加：盛產寶石卻危機四伏

馬達加斯加是一個很特別的地方。跟臺灣的地理位置有點類似，是鄰近非洲大陸的島嶼國家。別看它這麼遠，好像跟臺灣沒什麼關係，其實還有不少臺灣人在此定居。其中主理臺僑聯繫的一位女士爲韓國華僑，小時候住在韓國唐人街，年輕時來臺灣讀華僑學校，她先生的背景就更有趣，祖先在清朝時就到馬達加斯加當修建鐵路的移工，後來便定居下來，先生也被家人送去臺灣讀中文，兩人因此結識，而相偕回到馬國。

不幸的是，她的丈夫很早過世，小孩也都去法國念書，只剩下這位太太與她的泰籍大嫂兩人作伴生活，一個經營法式食品工廠，一個賣泰國料理，這對姑嫂成了臺僑、泰僑的聚集中心。我剛去馬達加斯加時，就是這位中文流利的韓籍老太太幫了我很多忙，甚至接待我住她家，讓我快速了解馬達加斯加的現況。

馬達加斯加是一個盛產寶石的國家，一直到近三十年，都還持續發現新礦區，而且是品質不錯的紅寶石、藍寶石，很多泰國人、俄羅斯人會來這裡買整顆尚未切割的各種寶石。而泰國大嫂的料理店，就是泰國人來收購寶石的中心。

許多非洲國家只要一發現新礦，歐美公司馬上出現，透過各種政商關係，賄賂政治人物，買走礦權，所有利益就歸國際公司，當地人只是負責挖礦的工人，因此非洲人自嘲：「我們國家產的寶石，對我們的好處就是讓人民成爲礦工。」但是當時的馬達加斯加不一樣，因爲礦權沒有賣給國際公司，都是屬於政府管的，而政府管得一團亂，通常是一個警衛，拉一條線，如果要進去挖礦，得先交錢。就像是我們要入園採草莓一樣，付費之後，就可以開始挖。

我一聽覺得有趣，也想體驗看看。韓籍老太太說不行，那裡太危險！有很多人挖太深，就把自己給活埋了。

什麼意思？原來，當你挖到大顆寶石了，如果隔壁那個人一整天沒挖到任何東西，看到你手上挖到一大顆，就直接把你殺了，奪走寶石，甚至也不用挖洞埋屍，直接讓你這個人填自己挖的洞，連埋屍的工都省了！這樣的無政府狀態，其實大家都知道，但再怎麼危險，還是有人願意賭上性命一搏。

政府只有在過海關時特別嚴格。我離開馬達加斯加時，到登機門前還有最後一道檢查，每個人隨身背包要整個打開來看，避免走私。據說這是因爲很多人從這邊直接背了黃金和寶石就飛往中東。我只有買了當地盛產的香草，當他們檢查我的背包時，我就大方打開給他們看，開始攀談，他們一聽到我講法文，似乎比較難以索賄，就放我走了。

此行的結論：第一，證實外交部長官的疑慮，因此一百萬美元省下來；其次是，把馬國醫學院和世界衛生組織馬國辦公室跟臺灣的醫界連結起來。

幾年之後馬達加斯加南部出現嚴重的饑荒，眼見饑餓致死的嬰幼兒，對比其豐富的天然資源和生物多樣性，實在令人心碎。

## 史懷哲情懷背後的巨大代價

臺灣有許多醫護人員對於跨文化的義診很有熱情，好像對「史懷哲」情懷抱著一份憧憬。除了前面提到的馬達加斯加之外，還有很多先進國家的醫師都喜歡來到非洲各地，大家可以想像這裡的缺乏，總是有行善的空間。

然而，再怎麼落後的地方，還是有原來的醫療系統，如果外國醫師要來義診，一般來說，都是建立在邦交國之間，有簽署雙方醫療合作協議；以臺灣來說，我們義診團隊想要去的國家，幾乎都沒邦交，換個角度想：如果你是該國的醫師，他國醫師在本國沒有執照，卻來免費幫人看病，你作何感想？

國內有不少團體，每年都會招募有志服務的醫生，前往第三世界國家服務，他們常會選擇陌生國度，畢竟這些國家除了透過義診外，可能是一輩子都不會去的地方。

我曾在南非接到外交部公文，指示需要協助一組義診團，為了幫他們申請臨時醫師執業許可，我前往南非衛生部交涉；除此之外，這一行人希望政府幫忙訂旅館、接機、塡各種表格，甚至禮遇通道，這是因爲他們帶了很多醫療物資，而因爲南非沒有邦交，怕被海關找麻煩；因此，我得先給海關那邊一封函文，以免藥品被攔下甚至扣住。即使大費周章準備了，最後，義診許可還是很難核發下來。義診用藥不是當地核可藥物也是一個問題，義診的現場，當地人隨手拿來看，以爲民國的效期是指西元（例如九八年，被誤以爲是一九九八年過期），「這種藥還能用嗎？」我們很熱情地想要助人，但人家不一定會接受。

後來有位南非人士說，他是當時南非總統祖馬老家的人，地位就像是臺灣選舉的地方重要人士與樁腳，因此他跟我們打包票，只要支付五萬元臺幣，讓他全程陪同義診，就能搞定一切。

我跟大使左思右想，覺得這五萬元還是需要由義診團自行負擔，而不是外交部買單，結果被義診團質疑：「我們來義診，還要自己出錢？這不是外交人員應該處理好嗎？」

這個義診團成員有不少優秀的臺灣名醫，印象最深刻的是一位中醫，說他爲了來這趟義診，休診一個月少賺四百萬，只爲一圓來非洲行醫的「史懷哲」夢想，因此再大的代價，都要來非洲一趟，甚至帶了妻小同行。

結果，這趟義診之旅不如預期順利，落地第一站就遇到當地議員出來質疑，認爲臺灣來的醫師沒當地執照不應該看病，就連當初自稱來自總統老家、能幫忙打通關的人，也根本沒人理他，只能站在一旁微笑，五萬元就這麼被騙了！

大使深感不妙，決定找熟悉的臺商朋友支援，他們一看大使出面，二話不說，有錢出錢、有力出力，非常夠意思，不但帶這群醫師吃喝玩樂，還招待入住南非德本的五星級賭場飯店。

但是醫師們並不開心，關了門診、請了年假出來十幾天，結果只有在曼德拉故鄉義診兩三天，因執照問題而縮減看診時間。這群現代史懷哲很失落，他們來這一趟不是爲了吃香喝辣，抱著畢生夢想卻無法如願。這趟行程雖不完美，但也平安圓滿結束了，我們以爲可以鬆口氣，哪知臺商們拋了震撼彈給大使！

他們說，大使一通電話就讓大家出這麼多錢，接下來，非洲臺商總會要在德本舉辦會議，希望代表處捐臺幣十萬元贊助會議，看看大使的誠意。大使直接回覆「我沒錢」，馬上惹惱這群人，一狀請僑選立委告回外交部部長那邊，最後大使決定親自前往德本登門道歉，一下飛機見了這群人就拚命灌酒，把自己灌醉，最後被送去房間休息，酒醒後次日飛回首都。結果，大使說好要請大家的飯局竟忘了付錢！臺商們更不爽了，最後大使只能摸摸鼻子辦退休。一群抱著史懷哲情懷的義診醫師，想一圓夢想的代價，竟間接導致大使賠上了官位，令人不勝唏噓。

## 一次性義診能做的事

一年後，又發生了類似狀況。同樣的組織這次要去莫三比克，我依舊去接機，他們帶來的藥物好幾大箱，也順利通關，沒有被海關扣下。但依然沒有臨時醫師的行醫許可，這個組織又找了當地僑胞試圖斡旋，僑胞向義診團打包票：「沒問題，我們用莫三比克總統夫人的基金會來辦，因爲沒人想得罪總統夫人，義診可以在總統夫人的家鄉完成。」看似順利，結果又有不愉快了！該團醫師質疑僑胞「蛋都買貴了」「美金也換得比較貴」。現場的各式狀況，只好請南非代表處趕緊派員過去援救。

回顧這些故事，透過當地僑胞、駐外代表處的管道，能夠執行的醫療比較是循特例、通融的路線；我認爲更好的模式，是建立與義診國當地醫療體系的連結，例如與當地一個醫療體系合作，跟當地醫師一起進行義診、彼此互相支援，以避免高度依賴地方政治的介入或無謂地消耗國家的外交資源。

此外，海外義診還涉及另外一個問題，義診都是一次性的，什麼病看一次就會好？大概只有感冒、小外傷、腸胃炎或需開刀的病症，但是義診現場無開刀房；而許多疾病如糖尿病、高血壓、腎臟病甚至癌症，都需要長期治療追蹤，非一次性的義診就能解決。對於高血壓病患，義診的醫師就算給了控制血壓一個月的藥，那之後呢？因此，我認爲要最大化這類短期義診的效益，應該以急難醫療人道援助為主，例如：海嘯、地震、內戰或飢荒等天災人禍發生的地方。

話說回來，以南非為例，各國的援外機構給予協助的，不是像義診這樣，派醫師去窮鄉僻壤，而會從公共衛生體系、醫療政策體系、醫院管理系統去協助南非公衛與醫療系統升級，甚至協助建立醫學教育系統，而不是派個醫生去看病。

現代史懷哲，並非單槍匹馬，而是一群人、一個體系，不是史懷哲精神過時，而是我們要從史懷哲1.0升級到史懷哲2.0。

# 第13步——

# 滿地黃金、處處商機的非洲大陸

非洲真的有很多奇聞軼事，在南非那些年的經歷，我想這輩子不會再有第二次的機會。

## 血鑽石的真實故事

我有個朋友認識一個南非人，這個人是南非軍方高層退休，任軍職時，參與聯合國維和部隊，被派到有叛軍活動的剛果民主共和國東邊，執行聯合國的任務。他退休後還想再多賺點錢，於是就找我朋友合作。

這位南非退休軍人在剛果認識很多當地人，家裡都有黃金。因爲當地盛產黃金，通常大多數金礦爲國有，國家可能把礦權賣給歐美的國際公司，政府從中得到些微稅收，大部分的資源與利益都被國際公司拿走了。剛果東邊的叛軍是政府管不到的地方，他們不會上繳這些稅收。基本上，當地居民家家戶戶都會去挖金子，甚至有些人直接從自家門口的河跳下去，潛到河底部就能掏出金沙，自己挖、自己煉、自己賺。只不過在家裡這樣煉金的純度不高，大約九十七％。

部落首領想藉由走私黃金賺一筆，當時市價記得一公斤黃金三萬五千美元，因此首領透過南非將領跟我朋友說，一公斤兩萬五千美元就好。朋友一聽，心中竊喜，想進一步了解怎麼交貨、怎麼處理。他說，這些人會把金子運來坦尚尼亞舊首都三蘭港，約在那裡見面。我朋友邀我一起去，一方面幫忙壯膽，一方面幫忙翻譯，因爲剛果人只會講法文。我當時已經在挪威NGO組織，需要幫組織拓展關係，因此不疑有他就一道去了。

那些人從剛果一路開車並通過數國邊境，危機四伏，好不容易順利運送金子到坦尚尼三蘭港藏好後，約我們在餐廳碰面，分三個不同時段，來了三組人。每一組人都非常緊張，東張西望，由我幫忙翻譯。這三組人各有八百到一千公斤不等的黃金，並提供檢驗報告，純度大約可達九十九%，他們都非常專業，會講一些鑄造、提煉黃金的相關術語，甚至表示可以提供坦尚尼亞官方出具的產地報告。我們好奇他們是怎麼運出這麼多黃金？原來路經的很多國家的很多關卡，萬一在關卡被抓，就要打通關係，透過賄賂才能通關。

他們會這麼緊張是因爲妻子、長輩、孩子都在村子裡，出來賣黃金的人等於是代表村子裡的人，每個家庭都存了一點黃金，把這些家當全部集中託付給他，所以才能擁有手上這一公噸的黃金。第一位說，這局如果出了亂子，沒有拿到錢，那麼村子的人就會把他家人殺光。畢竟全村的希望都放在這些人身上，用他們的家人當人質，確保他不會拿了大家的黃金就跑了。

當天我們被帶到一個房間裡看貨，地上一個接一個鐵盒，裡面裝的都是黃金，眼前這一公噸的黃金，約合當時臺幣十七億。屋子裡的人手上都拿著步槍，裡頭有個像是老大的人，等著我們驗貨。這些黃金被燒成一個一個水滴形狀的小元寶，眞的是暴利。老大說，這些黃金有很多原本要飛澳洲，但後來改飛香港，因為香港銀樓的黃金都被日本人掃光，日幣貶值，有錢人想買黃金保本，所以就跑到香港搜刮黃金。

我越聽越覺得這事情不對，原來南非將軍想要我的朋友走私黃金到亞洲？後來跟從事國際貿易的教會長輩聊起，他提醒：「這不就是血鑽石的故事嗎？」交易過程中不知道有多少人喪命，而且就算錢還能回到村民那邊，說不定被拿來買武器，畢竟他們村中的子弟都去當叛軍，所以最好還是不要碰。後來我朋友也被騙了！

南非將軍說，不然先試一次，我們先拿一點送去阿布達比，從那裡轉機，看看是否可行。朋友想轉去哪裡，他都可以安排。至於坦尚尼亞海關申報證明，他們可以出示僞造的生產證明，輕鬆過關。朋友覺得似乎可行，因此決定一試。

怎料，沒過多久，有天半夜朋友非常緊張，說黃金在中東的機場被劫走了！南非將軍此刻又出現說沒關係，他有人脈，可以請該國特種部隊幫他搶回來，但需要一筆錢。朋友馬上匯錢給他，黃金也真的回來了。後來我在想，會不會從頭到尾那些黃金都沒有上過飛機？或是從頭到尾我們在坦尚尼亞見到的都是演員，小元寶也都是假的？真正的交易只有發生在「朋友把錢匯給那位南非將軍，讓他去請特種部隊把黃金搶回來」。我不敢跟朋友討論這件事，免得他傷心。

## 窮鄉僻壤的黃金屋

西非某個國家想學臺灣健保，他們在健保方面，比起非洲其他國家算是走得快的。有一回，我去參加研討會負責介紹臺灣健保，地點在當地最重要的大學，講臺上放滿了中華民國國旗，我們當地窗口有位臺籍的湯姆醫師（化名）是長年移居西非的人，看到國旗歪了，即便臺上有人在演講，他還是會上臺把國旗扶正，而且在上臺前，還會像軍人一樣向國旗敬禮。湯姆醫師算是愛國人士。

湯姆醫師說，這個國家的前後三任總統他都認識，該國要建造港口、機場、鋪路造橋，想要承攬生意的對岸國企都會去找總統，但是總統會反問：「你們跟湯姆醫師講過了沒？別來找我，去找他。」湯姆醫師就用手比四或六，自己留一份，也幫總統留一份，存在歐洲帳戶裡。曾經有一任總統還在位時跟湯姆醫師說，我們這國家沒救了，你錢賺夠了，還是趕快走吧！

他說的是眞是假，我要如何證實？我看到他家廁所裡有個袋子，裡面一大堆珠寶、黃金，重到拿不起來。他在我們面前打給總統後，沒幾分鐘我們就被帶到總統官邸，裡面有二十臺黑頭車，有位女士出來握手，自稱總統夫人，過沒多久，總統也出來跟我們聊。離開後，我上網查照片，那兩位眞的是總統、總統夫人沒錯，證明湯姆醫師沒騙我。

湯姆醫師透露，他自己也有金礦，雇用一個來自福建的幹部管理。每次他去視察時，幹部就說；「老闆，你氣場太強大了，每次來，我們就挖到比較多黃金！」湯姆醫師沒到礦場，這個幹部就說最近挖不到。

湯姆醫師拿了一顆很大的雞血石給我看，很漂亮、鮮紅的那種，他說，這些珍貴的石頭，在該國偏遠的村子，多到人人都可以拿來當建材，包括門框、樑柱，實在很誇張。若非親眼所見，很難想像窮鄉僻壤的房屋可以如此奢華，但對當地人來說，卻只是日常隨手可得的建材物件，湯姆醫師甚至提到他可以協助出口該國稀土。非洲天然資源之豐富，實在難以想像。

## 看似商機的背後眞相

在非洲，醫療物資也是有心人從中獲利的肥田。例如，在莫三比克北部，一個檢驗手套會讓十幾個病人共用後才丟，造成傳染病容易擴散，因爲檢驗手套太貴，無法買足；在非洲許多公立醫院，點滴用的一千毫升生理食鹽水，採購價可以高達一包三美元到十美元。有朋友想做這樣的生意，跑去四川的一家生產點滴的工廠觀摩，單一公司一年可以生產四十億包，一包只賣一塊人民幣，相當於賣到非洲可以獲利數十倍，可想見這中間的暴利有多少！

如果有多人競爭非洲的標案，會不會因此降價？答案是，不會。因為中間就是被壟斷、貪污、層層剝削，也有印度勢力的角力，水很深。也因此，很多非洲人都想直接飛到產地，找最便宜的貨源，可惜語言不通，很可能被騙，這也讓住在非洲會說中文可以協助翻譯的華人，增加了不少機會。

這個滿地黃金、處處商機又同時聚集人間所有悲苦的非洲大陸，待過的人大致都同意，這是一個豐富、矛盾又獨特的地方。

## 第14步——
# 短暫的NGO體驗

我確實感謝這股驅使我跳出去的力量，不穩定的環境讓我不再停留，我的人生就會往前走。

終於來到我跟衛生署署長邱文達提出辭呈的日子了。

我在南非外交官生涯近三年期間不斷借錢、貼錢，的確是一條很不好走的路。想起那位在日內瓦咀嚼生魚片多時、不忍吞下的外交官還在持續爲國家奮鬥，我有點慚愧自己需要跳船了，畢竟我有四個孩子，必須務實地考量家裡的需要。

至於我的下一步是什麼呢？就是總部登記在挪威、背後是屏東基督教醫院在支持其運作的挪威NGO——路加國際（Luke International），當時這個組織有個主要工作在馬拉威。

先說明一下，究竟屏東、挪威、馬拉威、南非這四個地點有什麼關聯？其實醫療合作是在非洲建立外交關係很好的突破點。在我國跟馬拉威還有邦交時，屏基承接馬拉威的醫療團，使用臺灣的醫療資訊協助愛滋病患管理；跟馬拉威斷交後，屏基使用挪威NGO名義延續該工作。由於南非一度是世界上因愛滋病造成負擔最大的國家，我以外交官身分邀請南非衛生部官員去參觀馬拉威計畫。他們很喜歡屏基這個模式，希望也可以在南非複製。

當時屏基院長知道我在公務體系有薪資結構的困境，他想幫忙，於是問我：若該挪威NGO在南非成立辦公室，我是否願意在南非協助運作？

一開始我沒答應，經過一番思考與討論，才下決心離開公部門，接受此職缺，但問題是這組織需要先在南非完成登記，過程非常不容易。

## 彼得踩水落空，我跳船有得撐

提了職辭信，邱署長第一時間試圖慰留我。因此我被叫到署長室跟他當面說明，我說自從派駐南非後，已經賣房、賣車，跟自己爸媽借錢，最後也得跟岳母借錢。署長一聽到跟岳母借錢，馬上皺眉覺得問題很嚴重，他也提及曾經試著幫我加薪，但礙於公務機關一體適用的制度，找不出彈性空間，因此只好同意我離開。

其實我會決定離職，經濟因素是其一；另由於政治因素，在非洲做中華民國的外交工作實在太艱難，南非恐怕又是非洲各國中名列前茅的難。

在邱署長同意我的辭呈後，我反而有點不忍，想到他也是基督徒，於是我跟他提起一段聖經裡的故事。

有一次耶穌的門徒在海上遇到狂風大作，半夜船快沉了，他們看到耶穌遠遠在水面上走，其他人以爲是鬼魂，但是彼得看到是耶穌就說：「如果是主，請主讓我從水面上走過去。」彼得就眞的在水上走了一兩步，後來就沉下去了。大部分基督徒若在禮拜時聽到牧師引用這段，大概會猜測等等牧師要講彼得沒信心，他如果可以一直專心仰望耶穌，就不會沉下去了。

我跟邱署長說，我想用不同角度來理解這段故事。

我說船在搖，風浪大，逼得門徒不得不跳船，彼得跳船以後，至少在水面上也走了兩步，總比沒有好。因爲這樣的薪資跟環境的艱難，我需要跳船，希望負責掌舵的署長不要爲此感到愧疚，因爲我相信幾年後回頭看，我會非常感謝有這艘遇到風浪的船，它驅使我跳出來，我才有機會走到海上去探索，也才有如行走水面的奇異旅程。

在署長室內一同開會的還有其他兩位長官，他們聽得目瞪口呆，不知道我在講什麼，但署長點頭表示聽得懂。

於是當年年底，我離職了。

根據當時政府的規定，外交人員赴任與離任時，政府會提供該人員商務艙機票。到了離任回臺那天，我來到南非約翰尼斯堡的機場商務艙貴賓室等候登機，這可以說是我人生中擔任外交官的最後兩小時，沒想到在貴賓室時手機響起，我接到通知，原來屏基在南非以挪威為名登記的NGO，被核可通過了。這就好比離開船往海裡跳，但腳踩下去不是空的，下一個工作離任前的最後一刻登記成功。

回到臺灣整頓一下，簽了一個保證五年內不會再當公務員的切結書後（為了領出退休公提儲金），我又返回南非，工作內容之一是我們要去曼德拉的家鄉Mthatha，幫當地公衛居家訪視系統從紙本變成數位化。這個數位化工程非常浩大，我們的工程師跟居家訪視員翻山越嶺了解需求，之後由遠在臺灣高雄的工程師建立平臺，接著我們需要用當地語言進行教育訓練。

曼德拉的故鄉因為貧瘠，過去許多村裡男人都到外地採礦，老礦工退休後返鄉，有些人被診斷有塵肺症的職業傷害，因此政府依法協助申請賠償。等到礦業公司核可賠償金額下來，也都要兩年，結果有些老先生因為搬家，找不到人了。當時竟然沒有完善的戶政系統可以知道這些人搬到哪裡。

我們建立的平臺，除了可以登記家戶成員的健康狀況，誰過去是礦工、誰有肺結核，都有google map定位，連到病歷系統。第一次幫當地公衛護理師、居家訪視員訓練時，就獲得極大的迴響。

## 各方角力戰，催化深造決心

沒想到當地大學醫學院院長說，這是曼德拉家鄉，我們需要跟他們配合，他們要用我們做的這套系統，跟當地東開普省衛生部申請經費；也就是說，挪威NGO做的計畫，竟然要被當商品賣給公部門，他在其中包山包海夾帶很多採購，像是一千支手機、一千臺平板等等，等著大撈一筆。

可能有這樣一塊大餅的消息傳開，就有各方角力戰，最後變得一團亂，我們做好的東西沒辦法推進。本來當地衛生局長很支援我們，決定幫我們繼續落實數位化的案子，沒想到他家遭小偷，讓他心生恐懼，擔心家人受牽連，於是請調別處。而下一任局長則遲遲不敢做決定。

這樣等也不是辦法，我們決定往上找省級最高衛生官（相當於當地的衛生部長）。怎麼找呢？我託人去找曼德拉家族，因爲當地最有權勢的人，不是曼德拉家族，就是曾跟曼德拉一起對抗種族隔離政權、後來一起被關的這些民族英雄。

我們找到了他表弟，他交代當地衛生部長跟我見面，我跟他說明情況，還邀他去我們位於奧斯陸的總部參觀兩週，讓他了解這個組織的宗旨。在奧斯陸期間，NGO中的許多挪威人出來接待，包含奧斯陸大學的教授、官方都一同開研討會。

規劃此行時，部長秘書也堅持要搭商務艙並由我們支付，理由是他需要在機上隨時協助部長處理公務。後來，我發現這位秘書隨時都在用手機玩網路社群，同行的南非人非常憤恨，因爲他的手機漫遊是公家買單。秘書只是其中一種樣態，它表現出一種普遍的態度，就是過去我的族人被欺負，現在輪到我們抬頭了，自然輪到我來吃香喝辣的權利（entitlement）心態。

因此，即使部長走訪一趟奧斯陸之後，非常支持這個計畫，但是因爲太多利益攪進來，各方都想分食大餅，最後還是沒有辦法執行。這件事也促成我下定決心去哈佛念博士。而距離上次因協助南非衛生部建立健保制度而聯繫上蕭慶倫教授（這段故事詳見下一章），當時他建議我去讀公衛博士，又過了將近兩年。

我之所以沒有在蕭教授建議我的當下立刻做決定，是因為對離開公部門後的NGO工作仍有期待，希望在組織裡發揮一些想法，但屏基奠基於良善的立意所規劃的數位化計畫，顯然難以在南非落實，我便斷了這個念頭，決心往下一站走。

PART

4

# 終身學習，跳脫成規

我喜歡挑戰自己、質問自己：

為什麼要選擇安逸的路？

## 第15步——

# 攜家帶眷念哈佛

年過四十後，還能攜家帶眷回去學校念書嗎？

在南非待了七年，四個孩子也在這裡成長。進入不惑之年的我，發現自己的每一步、每個階段，都無法往回走。比方說，當了衛生署的外交官就不太可能回去當防疫醫師；當了防疫醫師也不太容易回去家醫科。當我辭掉外交工作，跑去挪威國際組織，也無法回外交體系。當人生只能繼續往前走，卻不知道該走向何方之時，該怎麼辦？

我想回學校充電。在南非多年的實務經驗，包括世界衛生組織、與非洲的各國大使館、援外組織互動等經歷，看到種族歧視、天災加人禍造成的饑荒、健康不平權、HIV愛滋病疫情，以及需要全球人類一起協力根除的種種疾病等。這些議題讓我覺得很有意思，也是吸引我想回學校進修的主因，想把公共衛生實務和理論學得更好。

讓我實現進修夢想，順利進入哈佛念公衛博士，要感謝幫我寫推薦信的哈佛大學蕭慶倫教授。他不只在哈佛備受尊敬，在國際分量亦是舉足輕重，九〇年代臺灣健保由他主導規劃，全世界二十幾個國家的政府，都請他當顧問規劃醫療體系改革。而我能和他建立連結，是非常特別的經驗。

## 終究還是讓臺灣被聽見！

在南非時，我很清楚用醫療進行外交突破是臺灣的優勢。臺灣醫療眞的很強，南非也需要醫療體系的改革，但不太容易獲得協助，雖然南非與對岸有廣泛的經貿合作，不過對岸可以提供的具體援助項目，大多是基礎建設。

記得我剛到南非當外交官不到一個月，即將調回臺灣的同事就介紹一個人給我，是南非衛生部長的健保顧問A醫師。顧問了解臺灣的健保是單一保人制，並且所有人都要納保，這設計的好處是，沒病的人繳的保費可以支援有病的人，有錢的人支援沒有錢的人。他們很想學這個系統，又不敢正式來臺灣訪問，因此常常找我，到後來，這位顧問負責規劃的南非健保白皮書的章節，都是抄自我提供的臺灣健保資料。

沒多久，顧問又介紹了規劃南非健保的總顧問給我，同樣的，總顧問也想到臺灣訪問，但礙於兩岸情勢遲遲無法成行。有一次，她用學術研討會的名義來臺灣，我聯繫當時的健保署副署長李丞華，用晚上的時間在她下榻的旅館大廳幫她上了一堂課。

後來，南非的衛生部部長知道了，也想來臺灣取經，但是不敢。衛生部長想到蕭教授，希望邀請他來南非辦研討會，讓整個醫衛體系的高層參加，不過被他拒絕了。我知道狀況後，開始試著跟蕭教授聯繫，一邊說服他，一邊安排場地、編預算等，我跟這位總顧問籌備將近一年的時間。一切看似就緒了，南非執政黨突然跳出一個高層說：「不行！只要是跟臺灣有關聯，統統不行！」我想，這是因爲當時是用臺灣代表處的名義出面邀請、籌備，也安排臺灣代表處的大使上臺致詞開場。

南非高層說，既然蕭教授答應了，可以刪掉臺灣代表處這個協辦單位，由他們接手繼續辦理研討會。我們就這樣被排除，南非整碗端走！蕭教授聽到消息，立刻寫信給我：「我本來是答應你要來，不是答應南非，現在只要你一句話，我就不來了。」我當時陷入掙扎。不能否認，被排除的感覺的確不好，但是，我知道蕭教授對南非健保會很有幫助，即使我們沒得到外交上的實質效果，可是站在更宏觀的人道立場，他可以幫助南非政府與人民。於是我請蕭教授如期來訪南非，我就當聽眾的一分子。

直到蕭教授抵達南非，我才眞正領教到他的地位與分量。包括南非衛生部長、財政部長、公私立醫院院長、保險公司與企業CEO等都搶著見他，沒辦法約到時間的人，就跑到他下榻的飯店等，那幾天旅館大廳總有一群人排隊等著見他。

蕭教授出席的場合，我都以民間人士出席，沒有「臺灣」的聲音。但是，就算臺灣被排除，偏偏蕭教授在純學術健保體系的經驗分享中，都會提到臺灣健保經驗，終究還是讓臺灣被聽見！後來南非衛生部人員私下感謝說，蕭教授的來訪，救了他們的體系一把，他們原本規劃的方向有誤，及時懸崖勒馬，導往正途。

## 一封有分量的推薦信

蕭教授在南非期間，主動邀我安排一天私下聚會，讓我帶著孩子們和他一起出去走走。既然有一整天的時間，我就跟他分享了自己當時的狀態，並向他請益：以我的經驗與資歷，如果要回學校進修，該怎麼選擇？

他馬上推薦哈佛大學公衛學院才開辦第一屆的公衛博士學位（Doctor of Public Health, DrPH）。這個公衛博士學位，是蕭教授主張成立的，學位核心課程除了學術訓練，也加強領導學、管理學等各式各樣實務學科。公衛博士學位所寫的論文，必須要能夠實地找到一個非學術單位，解決該企業或組織的某個問題或者痛點，從這個問題核心寫出博士論文，其影響力指標，是從該組織的觀點出發，而不再是學術期刊定義的影響力指標。

蕭教授說，他將它定位為哈佛公衛學院的指標性學位。他們希望畢業生不只是留在學術研究領域，如果能夠到政府部門、非政府組織或者企業發揮，也能夠達到公衛人最期盼達到的民眾福祉。蕭教授認為公衛博士計畫很適合我，不僅可以整合多年工作經驗，同時未來可以擴大發揮所學。

我非常心動，只是離開外交部後，我又任職駐點在南非的挪威非政府組織，在曼德拉的家鄉執行計畫，過了兩年才啓動前往哈佛的充電計畫。於是，我再次聯繫蕭教授，請他幫我寫推薦信。當時他重病在身但仍答應我，很仔細地問了很多細節，認真地寫了一篇有力的推薦信。

據說，由於哈佛這個公衛博士是新學位，來自全球的申請人數非常多、競爭激烈，但因為蕭教授很有分量，因此院方看到他寫得那麼認真的推薦信，很快就安排了面試，但我沒想到竟然有二輪面試！

第二輪面試的教授Dr. Howard Koh，上網查後才知道他當過美國的助理衛生部部長，是一名韓裔美國人，也是韓國人在美國聯邦政府的指標性人物。他在歐巴馬時代當助理部長，卸任後就一直在哈佛公衛學院、甘迺迪政府學院教書。他的面試非常有趣，直接問我領導問題，包括有沒有領導團隊的經驗？而且是失敗的？

## 面對失敗，重新學習

這樣的面試經驗很刺激！公衛博士，不只是醫學、學術，也要廣泛地讓自己投入實務團隊工作中，而且要面對失敗。於是我分享在曼德拉故鄉的協助計畫。當時我必須協調來自臺灣的工程師、屏東基督教醫院、挪威奧斯陸大學、臺灣的國際合作發展基金會（國合會，TaiwanICDF），還有南非中央、地方政府衛生部、當地醫學院等窗口，全都需要協調，最後的結果是這個計畫失敗了。

他滿幽默的回我：「你如果知道怎麼解決，就不用來哈佛了，這就證明你需要回到學校進修，要不然我們幹嘛錄取你？」他最後問我：「你寫了關於自己的故事對不對？」我說對，他又問：「寫些什麼？」我說，寫我在非洲生活的各種經驗。這位前助理部長看起來酷酷的，沒什麼表情，結束了第二輪面試。後來，我被通知錄取了！也才知道，蕭教授的推薦信很有分量，他們審查途中就把被推薦人列入要特別處理的個案了。

對我來說，這是一趟夢幻旅程，從沒想過可以在年過四十後，還能回去念書，而且是在全球頂尖的學府，重點是我還攜家帶眷。

在學校網頁上申請學生及家眷保險時，我填了太太，在依序填寫到老四時，網頁翻面無法完成，我打電話到學校辦公室，他們說，哈佛好久沒有人帶這麼多家眷來讀書了，工程師沒設定到，要我用紙本填寫。原來，我又落在離群值裡了。

第16步——

# 從公衛跨足生技的意外旅程

來到哈佛公衛學院，開啓了我人生的另一扇窗，接下來的路是我不曾想過的。原以為只是充電的轉折，卻對我的人生產生巨大影響。

學公衛的人，其實需要學習整合流行病學、生物統計、醫療政策之方法學，因爲這些工具有助於發現問題；但如果要帶來改變解決問題，必須結合其他專業領域，才能達成目標。例如，假設你發現一個問題，是必須推動公共政策改革才能改變的，那就需要有一個具備決策能力、影響政策能力的過程，才能實現這個想法，否則再好的公衛計畫、改善現況的設計都無法實踐。大多數的公衛學者所期待的改革都需要政府推動，因此哈佛公衛學院很鼓勵學生到隔一條查理斯河的哈佛甘迺迪政府學院進修。

## 幫市長解決問題的智囊團

甘迺迪政府學院除了研究國際局勢、成爲各國政府政策的智囊，也幫政府培育人才，校園的氛圍對於曾經擔任公職或從軍的學生，給予許多肯定。曾在白宮任職的政務官，政權轉換後也被延攬到這裡教書，傳授寶貴的實務經驗。

甘迺迪政府學院匯聚來自全球的政治精英，像小型聯合國，包含各國領袖、未來的總統、現任的總理，都可能在這裡進修或訪問。

我選了一堂滿有意思的課，老師Prof. Linda Bilmes在柯林頓任內當過美國的助理財政部長，她講述政府的財政紀律，從地方政府到聯邦政府，甚至精算政府舉債去打伊拉克，大概花多少經費等。最有趣的是她說如果同學通過這堂課的考試，就有機會上下一堂課，叫做「Greater Boston Field Lab」，好像連續劇一樣。

根據這位前助理財政部長的說法，由於彭博提供優渥資源，讓美國剛選上市長的人可以來學校修課，而且可以幫他們配對找到曾任市長的人來當自己的教練。這聽起來非常吸引人，因爲大部分當選地方首長的人，不太可能有經驗，如果能有一個當過的學長姊來帶你，是非常好的設計。現任市長在修課期間，還可以跟老師提出目前市政上最困難的問題，老師會派修過這堂課的學生當顧問，加入團隊協助分析。

這堂課會出現的問題也很鮮活，比方，新罕布夏州曼徹斯特市長希望解決街友照顧的問題；康乃迪克有位市長說，他們的市區明明有指定大型垃圾回收的時間地點，但是有一群人會把家具或其他大型廢棄物堵在路邊，這要怎麼解決？又或者，波士頓某區要做社區住宅，把一些無人繼承的土地、房屋或原屋主不讓子女繼承的這些房舍，再度活化。這又該怎麼做？還有波士頓的地鐵要更新硬體，已經編列了上百億預算，可是他們卻不知道更新後對經常費的影響是什麼，所以這也被列爲學生顧問可以服務的選項。

市政問題千奇百怪，我想挑選跟公衛比較有關的，相關選項就是街友與大型垃圾問題，這兩個議題都滿有意思。起初，我選了大型垃圾，回想以前在非洲鼓勵當地人撿垃圾來換舊衣，不正是在處理垃圾問題？現在只是換成大型垃圾，我覺得再適合不過了！所以把它塡入第一志願。

送出志願表那晚，我做了一個夢，夢到寫推薦信讓我如願去哈佛進修的蕭慶倫教授，在某個場合介紹我，說這人在西非開孤兒院。事實上，在現實生活裡，蕭教授也常如此介紹我，這個夢境與事實接近。我後來才知道爲什麼他這樣介紹，因爲他自己在貴州的少數民族村落裡也贊助了一所孤兒院。每當他在海外協助政府健保體系規劃，得到顧問酬勞，就把錢匯給孤兒院，照顧、幫助這些孤兒。看來開孤兒院這件事，對他來說是一個關鍵字。

醒來後，我想，如果眞的要選一個美國市長的市政問題，跟我的人生故事軸線有關聯性與一致性，不是垃圾，而是幫助無家者，可能是街友、也可能是兒童。所以我立刻通知教授，要把第一志願改爲街友計畫，後來我找到三位同學一起合作，兩個甘迺迪政府學院的學生，一個哈佛公衛學院的學生，我是四人小組中唯一的非美國人。

## 寒冬露宿街頭的初體驗

身爲外國留學生，有機會去了解美國社會底層的狀況和問題，實在是很難得的機會。我們花了很多時間分析，該城市各式服務街友的組織、醫療院所的財務資料，共計四、五十份，也做實地訪問。往往市長室一封電郵，我們就得到高規格的接待。這時候我跟美國同學討論，其他人認爲我們既然是顧問，分析報表資料就可以得到許多結論，但我堅持我們應該去看看這整個計畫的核心——街友們。

於是，我們去收容所、去他們住的地方，可能是一頂帳篷、一輛車，在滿是酒瓶或針頭的草叢中，進行訪問。最後，我聚焦在醫療面的問題，也去看他們專門爲遊民設定的衛生所，並且透過這裡的醫療人員了解街友健康需求等。

在執行計畫的一開始，市長邀請我們參與一個活動：寒冬露宿街頭一晚爲青少年街友募款。那晚來了一百多人，大家各自帶著睡袋，準備在路邊睡一晚。新罕布夏州州長Chris Sununu和市長Joyce Craig雖然互爲政敵，仍各自帶團隊來參加，我也決定到第一線體驗。

那天大約是攝氏零度到負二度，幾乎無法睡著，因爲氣溫實在太低，就算身體包得很暖，但颳來的寒風打在臉上，非常難受。到凌晨三、四點左右，大家幾乎都冷醒了，沒什麼人能繼續睡，撐到四點多，所有人躲到旁邊的建築裡喝熱咖啡，一邊分享自己的體驗、感受。大部分人都說一個晚上就受不了，更何況街友是天天如此，連當地美國人都感到震撼！如果沒有去收容所，這麼冷的天氣，根本不敢想像街友是怎麼度過的。

那晚一百多個人，很多是社會賢達，不分黨派都參與體驗，他們的行動在臉書上引起很大迴響，訊息不斷被分享出去，一個晚上募了一千萬臺幣，算是滿成功的活動！

最後，我們完成一份大型綜合分析報告，當天市長、市府團隊與市政相關的人都來聽了。這次報告很成功，印象最深刻的是，市長在會後流著淚跟我們說，這城裡對這議題關心的人不多，她對於我們願意投入心力跟她一起打拚非常感動，還特地寫了一封感謝函給甘迺迪學院院長。

雖然這份分析報告提出的建議可以改善一小部分現況；不過，能解決的問題還是很少。因爲背後的問題太複雜，部分街友尚有身心症、藥物成癮等狀況，是多重因素累加造成的，我們提醒市長，她手上的預算有三百萬美元可以重新分配做更好的應用。

我過去對美國社會的認知很狹隘，例如，非裔美國人藥物成癮者比例較高，因此街友應多爲非裔美國人……結果這整個計畫看到的街友，大多數是亞洲人或白人。此外，過去我也不知道，街友也有不少青少年、小朋友，很多小學生下課後在路上遊蕩，他們不是孤兒，而是「家」的地點不同，他們回的家是收容所、爸媽的帳篷或車子，跟著爸媽一起流浪街頭。

## 讓臺灣的實力被世界看見

在研究街友問題的同時，我在麻省理工學院（MIT）的史隆管理學院（MIT Sloan School of Management）正在上一堂生技的科學與商業課。兩相對照，可以說是霄壤之別。

生技課程談投資、收益的金額單位都是Billion（十億美金），也就是三百多億臺幣，這幾乎是基本單位，課堂上的討論開口閉口就是Billion。前面提到，州長加市長還有我們一百多人在路邊睡了一晚，又餓又凍，感動了好多人捐款，也只有募到一千萬臺幣。最後我們幫市長盤點出可以動用的預算也僅有三百萬美金，這些錢用在醫藥支出都不夠，更何況是蓋社會住宅與收容所？

Billion與三百萬美金大概差三百多倍，怎麼比？當我跟MIT的同學上臺報告，某某藥廠應該以多少Billion美元併購研發腫瘤疫苗的新創公司的同時期，我跟哈佛的同學在市政廳跟市長報告，應該如何節省十萬美元來支付運送學生街友的公車費。也因為這樣的反差，讓我思考跨足到生技產業。因為我覺得要有更大的資源，才能夠產生更大的影響力、做更多的事。

在外國留學生的圈子中，有一種氛圍與價值取向，就是完成學位後，如果能夠留在美國就業，進而取得綠卡、獲得美國身分，會是一個被正向回饋的價值，彷彿這樣就屬於成功人士；反之，找不到工作或沒辦法取得綠卡，無法留在美國的人，就是魯蛇。雖然我們都很清楚，成敗根本不是這樣區分，但沉浸在那個環境中，的確多少認同這樣的價值觀。

然而，有兩件事我一直放在心裡，甚至有點耿耿於懷。

一是在赴美進修之前，我曾從南非回臺灣獲頒醫療奉獻獎。以我的資歷來說，實在太淺。聽說在非洲服務的事蹟被報導後，一直有人推薦我，但我尚未符合在駐地服務十年的資格，直到滿十年的那一年，主辦單位決定頒獎給我，而我也領得戰戰兢兢。記得在頒獎臺上輪到我講感言，我跟臺下的人說，我真心覺得自己還差得遠，超想把這獎寄存，服務更多一些再回來領。會後，當天主持人特地走過來說：「連醫師，我們會記得你的承諾，你說你要回來服務！」

因此，當我完成博士學位後，留在武田製藥研發登革熱疫苗，等候機會調往蘇黎世，後來接到郭旭崧校長的信函，加上這位主持人的話，言猶在耳，覺得自己必須回臺服務。當時正值高端疫苗的研發過程，與我進修後期決定轉入生技業的想法符合。推動臺灣生技產業，讓臺灣的實力被世界看見，同時透過新藥的研發造福更多人，是同時去MIT和甘迺迪政府學院造就出來的想法。

另一件事是我在走訪街友收容所時，有一位老兄看到我手上的婚戒，問我結婚了嗎？我說是。他說他也結了，但是太太過世了，說著說著就開始放聲大哭。他因爲過於悲傷開始酗酒，至今都還走不出來，失去了一切成爲街友。就在我要離開前，這位老兄問我：「我叫什麼名字？你說得出來，我給你禮物！」

這一問，我好心虛，因爲匆忙的交換姓名，我眞的忘了！我來這裡，不就是爲了表達同理心，了解他們，跟他們當朋友；但是我連他的自我介紹都忘了，這實在說不過去。老兄一臉不意外的神情，接著說：「我知道你們根本不會記得我的名字！」

那是很難遺忘的表情！希望往後我走的每一條路，都不忘記自己想幫的是一個個有名字的人，而不是爲了達成一個工作。

第17步——

# 哈佛老師也教政治攻防

我覺得非常不可思議，這個老師怎麼會被哈佛請來教書？他這樣教會不會被炒魷魚？竟可以公然教大家如何抹黑對手。

哈佛甘迺迪政府學院有另外一堂有趣的課，至今仍讓我印象深刻。這位老師本來想當神父，後來決定不當神父後，開了一家政治公關公司，擔任輔選顧問，他的公司服務範圍遍及全球，曾經幫過世界上至少二十幾個總理或總統競選。

至於老師服務過的美國州長、參議員、眾議員就更多了；甚至有些人是上了他的課，畢業後就直接選上眾議員，接著回到課堂上現身說法。在我修課期間，就有兩個年輕的政治人物回來分享經驗。

這堂課將近兩百個學生，它可能是我在哈佛期間所有課堂中，學生國籍別最多元的一堂課，世界各國想從政的年輕人齊聚一堂，從課堂上發言的自信、積極度而言，我覺得有一些人已經儼然是政治家、演說家，若過幾年之後，猛然發現同學變成某國總統，我想不會太意外。這在當時是一堂非常熱門、非常難擠進去的課。

## 抹黑是競選捷徑，國內外皆然

老師從他三十年的顧問經驗分享，也舉很多選舉實例，例如，如何募款？爲何募款是最重要的？還有怎麼選擇你的口號？

老師在課堂上無所不談，不小心也說出他曾經做過的事，譬如，跑去找彼此競爭的兩家媒體，先告訴A媒體說，某某候選人有婚外情，B媒體已經在做專題報導，你們怎麼沒跟進？之後再去找B媒體，說一樣的話，請他們也趕快去查一查。到後來，沒有人知道實情為何？但對該候選人的傷害已經造成。

坐在臺下，我很欣賞老師的直白，也乍舌世界頂尖學府的老師，怎麼敢講這個？

他又舉例。如果敵營對外說候選人的父親有醜聞，譬如他是公僕卻貪污，或是他被爆出婚外情，而兒子要競選，現在媒體來堵這位候選人，問及父親的行為，這時要怎麼回應？

他說，這一題答得好的人，這門學分直接通過，而且是A。他拿著麥克風在教室四處遊走塞麥克風，看誰答得好，大部分學生都說直接切割，表達此事與選舉無關。老師搖頭表示不滿意，接著公布答案：「你一定要先說，我愛我的父親，不過畢竟他也是個人，我該怎麼辦？」頓時讓我覺得薑還是老的辣。

後來我有機會接受比較針對性的電視訪問，總會想起這堂課。雖然我不是候選人，但的確像是在作攻防。因爲我知道對方想方設法要挖出各種內幕，畢竟節目需要效果，記者就是想知道更多消息，或主持人想要從我口中套出比較辛辣的話。但不能講的就是不能講，不論是商業機密，或是牽涉法律責任、會招致負面後果的發言。其實，在企業擔任主管以前，公司會讓我們接受公關媒體訓練，學會應對媒體，才能代表企業面對媒體的採訪。哈佛這一堂政治公關課，目的就是讓想從政的年輕人學會在不同公眾場合應對進退。

至於其他基於美國在地特色文化產出的選舉運作方式，並非對每個人都有用處或意義。但是這些選舉文化，讓我更深入了解美國社會，以及美國人看事情、看世界的視角。

後來我觀察各國選舉，除非有高的標準要求帶領的團隊不能這樣做，否則那是很大的誘惑，因爲「抹黑」是成本低、有效率的勝選捷徑，謊話說一百次就有人信，信了後，大家就沒力氣去在意眞相。與其你去辯論如何解決某城市的交通問題，就算你的政策比另外一個候選人更厲害，似乎也不會讓你得到比較多選票。因爲一般人無法比較政策的優劣，除非在你當選後做出成績，讓大家眼見爲憑。所以在選舉期間，民眾受假消息影響的確可能影響選舉的結果。

這位老師安排了許多時段，讓同學有跟他一對一的面談時間，我去了才發現，他用這個機會觀察誰會是他將來輔導競選的潛在客戶。到了期末，來自世界各國的學生需要根據「我來自哪裡」寫出一份競選計畫書，比方說我來自臺北市，就要寫一份參選臺北市長的競選計畫書，其中包含人設、募款金額、選舉口號、政見、請誰當競選總部主委等都要詳實規劃。老師說，如果他覺得這份計畫書能讓這位學生當選，會直接給A+，否則就僅僅過關。結果我這份報告沒有得到A+，謝謝哈佛老師的認定，讓我知道這條路不適合我。

後來這兩百多人成了老師的末代學生，因爲下一學年老師沒有得到哈佛的續聘，據說不是因爲上課談了抹黑，而是其他更複雜的政治因素。

# 第18步——MIT九千億臺幣的故事

光聽到九千億的數字，一般人可能直覺他是個暴發户，然而隱藏在數字背後的真正故事是，他的初衷是助人、救人，找出人類還無法解決的罕病解方，研發救命的藥物。

## 生技製藥大師的傳奇事蹟

前面章節約略提到我在甘迺迪政府學院課程執行街友計畫時，同時也在

MIT的史隆管理學院修了一門震撼我的九千億臺幣課程。

當時會修這門課是因爲我問了同學，如果我只有時間在MIT修一堂課，我要如何選擇？換個問法，MIT這個學校最厲害的課是什麼？他們說，有個生物工程大師Harvey Lodish已經八十幾歲，是諾貝爾獎等級的教授，他跟另外一個商學院的經濟學大師羅聞全（Andrew Lo），兩人合開一門課，叫做「The Science and Business of Biotech」，是大家搶破頭都要上的課，因此用抽籤方式決定修課學生。當我知道這門課時，已經過了抽籤時間，但我還是想申請，老師特別開放讓我修課。

這堂課有一半是商學院修MBA的人，另一半是學生技、生物科學或醫學等領域。因此，當課程進入投資學、經濟學部分時，念生化、生物博士的人很難消化；可是當課程進行到生技學時，就換學MBA的人難受了。因此，老師會找一些助教幫大家補習所缺乏的另外一半，設想還滿周到的。因爲波士頓是全世界領先的生技中心，所以MIT找了很多當地的生技公司CEO來分享經驗。

Harvey Lodish創辦了很多新藥研發公司，其中兩家後來賣給大藥廠，售價達到九千億臺幣。他的學生裡有兩個諾貝爾獎得主，有八、九個美國國家科學院的院士，他自己也是院士之一。他最膾炙人口的故事是，創辦Genzyme這間公司，並研發出治療高雪氏症（Gaucher's disease）這個罕見疾病的藥物。十年後，他的孫子出生時剛好被診斷罹患此病。是巧合嗎？雖然沒人想要遇到這種事，但不幸中的大幸是，孫子吃了爺爺研發的藥，一輩子沒有生過病，至今已是立志行醫的醫學生。

羅聞全教授也很厲害，二〇一三年就被封爲全球百大影響力人物之一，因爲他的「適應性市場假說」具有強大影響力，許多學習該領域的人在二、三十年前就讀過大師的教科書。羅教授曾在短時間內失去了幾個至親，全是因爲癌症。所以他開始思考，自己學經濟，能否在癌症治療上有些貢獻？因此他爲了促進早期癌症研究的成功，研究了一些投資方法，他曾在TEDxTalks以「金融工程能治療癌症？（Can Financial Engineering Cure Cancer?）」爲題發表了一場知名的演講。

## 讓罕病戲劇性好轉的價值創造

這堂課帶給我的震撼，在於跟同學分享經驗的生技公司ＣＯＯ：Jodi Cook，募資五百萬美金創辦一家名爲阿基里斯（Agilis）的公司，要做罕見疾病的療法，但手上沒有任何項目。她在研討會上聽到臺灣的臺大醫師胡務亮教授提出一個解決罕見疾病的基因療法，於是飛到臺灣洽談這項療法的技轉合作，並出資讓胡教授做臨床實驗。

Jodi Cook投入研究的罕病很特殊，叫做芳香族Ｌ－胺基酸脫羧基酶（ＡＡＤＣ）缺乏症，由於基因突變、腦內運動神經的多巴胺不夠，所以小孩很早就不能行動、說話、咀嚼，因此早逝。透過神經外科手術，把胡教授的基因療法導入到小病患腦部病灶，可以修復基因，治療此罕病。我在課堂上看到胡教授的病人戲劇性地好轉，站起來走路、說話吞嚥等生活功能進步，可以說相當震撼。

Jodi說，她的公司技轉出去以後，就在美國繼續研發，她用一個週末，完成一份申請書，獲得美國國家衛生研究院的非現金支援，也就是指派四十多位科學家無償幫助他們；美國食藥署FDA表示，只要能解決生產問題就會得到核可。

她的公司從候選藥物、臨床試驗到神經外科手術，甚至大部分的臨床試驗受試者，全都來自臺灣。當胡教授跟他們合作到這個階段時，另一家公司表示想買下阿基里斯。Jodi的公司研發這個藥，還沒有眞的拿到核可，買主就願意出價兩億美金爲前金，並承諾，以達到研發里程碑的方式給付後續階段，整個合約達到十億美金。

坐在第一排的我忍不住舉手發問：「如果什麼都來自臺灣的話，請問臺灣的胡教授和他的機構後來得到了什麼呢？」Jodi說，胡教授是個醫生，他想治療病人，我們就支援他臨床試驗的費用，讓他幫助病人，但是藥物的價值是我們公司創造出來的。

當時我聽了有點不是滋味，又認爲她講的也不無道理。因爲需要由他們這種熟悉整套流程、系統的人，才有辦法順利地創造出最終價值。如今這個藥物已在歐洲和美國核可，在英國的健保系統給付一劑高達一億多臺幣。

姑且不論這樣的價格是否合理，但罹患罕見疾病的孩子有藥物治療，對家屬來說，是絕望中的一線曙光，難怪當初胡教授的臨床試驗，有一家人從美國搬到臺灣，只爲了讓孩子加入試驗得到治療。

這堂課讓我非常震撼！

回顧在曼徹斯特市政府的街友計畫中，我們研究了四十多個NGO的財務報表後，告訴市長可以優化運用的資金只有三百萬美金，懇請市長好好規劃，讓這筆資金發揮最大效益、照顧那數以千計無家可歸的人。而眼前的Jodi，她的公司其實尚未取得一張藥證，已經得到幾億美元的挹注和報酬。

兩邊資源落差兩極，一邊是來自政府預算或善心捐款，但總額有限；一邊是研發新藥，解決了一個醫療難題，創造極大的價值。一邊是等別人給，再來優化分配；一邊是找出解方，創造價值。這個社會需要兩者並行，因此無孰優孰劣之分，但我發覺在此之前我的職涯路都在前者，尚未有機會嘗試後者。

課堂上的案例很多，但是跟臺灣有密切關係的這一個，對我震撼特別大！

一同修課的也有大學部學生，甚至有一位從臺中一中畢業來ＭＩＴ的大一學生；我開始思考，自己到四十幾歲才有機會學習這些觀念，臺灣很多念生技的學生，也可能都沒有機會聽到這些。相較之下，ＭＩＴ這些年輕學子很幸福，所以我暗自祈禱想把老師們帶來臺灣，因此畢業後還持續跟老師保持聯繫，後來也如願實踐這個想法。

幾年之後，他們受邀來到臺灣，我跟中研院、國家生技園區的夥伴們一同設計籌辦了一堂課，複製ＭＩＴ，叫做「MIT Master Class」，是縮小版的課程。這些ＭＩＴ的老師們果然幫了很多臺灣生技團隊，手把手教這些很有潛力的單位，從如何募資、如何技轉（例如從學校技轉到公司）、如何成立公司、股權怎麼分配等詳細介紹，甚至協助新創公司與波士頓一帶的創投基金和大藥廠連結。

## 助人與獲利，無法並肩同行？

大部分親朋好友都好奇，以前我都是做公衛、國際醫療、公益慈善、開孤兒院挖水井，但是現在跑去當企業的CEO，有什麼不同的感想？連中研院老師也問過這個問題。記得剛回國時，我被邀請演講，聊到自己如何走入產業的心路歷程，也以胡務亮教授的故事為例。當天晚上，我姊姊接到電話，臺下有認識的聽眾打給她說：你要為你弟弟加恩禱告，因為他變了。可能對學者、醫生們來說，從原本的學術界、醫療服務業轉入企業、經營管理一家公司，每天得想著如何轉虧為盈的問題，是否和原本的醫療專業反差太大？

在踏入產業之前，我有刻板印象或二分法思維，認為若企業以獲利為主，或許就失去本來在醫療服務、NGO的助人精神。在MIT的課堂上，我看到Lodish教授因為想要解決一種罕病，而意外幫到了自己的孫子；羅教授感嘆，當初若有更多資金的挹注，加速研究適合亞洲人的癌症精準治療，也許他可以多享受幾年與摯愛的家人相處的時光；胡教授爲了治療自己的病人，與美國公司合作。太多太多的例子，其初衷都是助人利他，而必經的過程和必用的工具，都是產業路線，因爲產業是一個載體，把資金和資源導向一個極爲明確、可以解決問題的目標。

其實助人的特質，並非NGO或慈善組織獨有，企業裡也是普遍被看見的。舉例來說，生技新創研發新藥，目的是要對抗一個絕症；業務人員推廣公司的產品，期盼病人也可以藉此得到好的治療；公司的CEO負責經營、照顧員工，因爲有多少員工就代表有多少個家庭與他的經營有關，他們的人生職涯路徑，也需要一個能夠被賦予意義的願景，讓個人可以在裡面努力。

產業最終的目的也是利他的，因爲從利他思維出發，員工每天的努力有了精神上的價值。這在企業、NGO、政府、公共衛生或政策執行等，全是一樣的道理。

這幾年，Harvey Lodish仍然持續在開新公司投入研發新藥，甚至跑到迦納、盧安達跟馬拉威去見他教過的學生，在這三個國家演講教學，希望促進他們的生技產業發展。我問他爲什麼要跑去非洲倡議生技產業？他說，因爲要克服的疾病、難題太多，因此全球的科學界能貢獻的都要一起努力。

光聽到九千億的數字，一般人可能直覺他是個暴發戶，然而隱藏在數字背後的眞正故事是，他的初衷是助人、救人，找出人類還無法解決的罕病問題，研發救命的藥物。

第19步——

# 是墨守成規，還是莫守成規？

我喜歡挑戰自己、質問自己：為什麼要選擇安逸的路？內在有一股動力刻意去選擇非安逸的、非熟悉的路徑，去抵抗人性所趨。

我觀察到哈佛博士班的同學，有一個共同的焦慮，就是在博士資格考之後，到博士論文寫完之間，有一些空檔可以到處修課，同學們收集了哪個大師的哪堂知名課程後，發現選擇太多，遠超過剩下的時間所能負荷，因此有種患得患失的焦慮。面對這種預期性的失落，我的策略就是以不同學院區分，每間學院都去打聽哪一堂課最熱門、最厲害，然後看看有沒有機會擠進去修。有一點類似網美打卡，到此一遊的概念。

在哈佛商學院有一堂課是博士班才能選修，據說上課地點在學院圖書館（Baker Library）裡非常高級的教師休息區內，我躍躍欲試的選了，除了好奇這個類似高檔商業空間提供的茶點有多高級，也想知道什麼樣的名師會開這樣的課？

## 走人少的路，對迎面而來的困難說「好」

這堂課是組織行爲學名師法蘭西斯卡．吉諾（Francesca Gino），她眞是天縱英明，很年輕就在哈佛當教授，美國甚至全球的大企業CEO們會花大錢來上她的課，短短兩三週的學費可能要價幾十萬臺幣。我們去上課時，她沒把我們當企業家，而是正規博士班學生，所以每次上課前都要讀一大堆論文資料，課堂上只有討論、沒有授課，當作大家已經讀完。

當時，正好她出版新書《莫守成規（Rebel Talent）》，書名很有意思，rebel是叛逆者、叛軍、反叛、造反者，負面意涵較多；而talent是天賦、天生的才能，屬於正面性的，負面詞加上正面詞，造反者有何天賦？法蘭西斯卡埋了很多伏筆，讓讀者慢慢進入她引導的架構往下一探究竟。其實這本書的核心，是談創新、突破，兩者都是跳脫框架的思維。如果沒有如叛逆者的天賦，就難以突破。

因爲課堂上只有十來個人，老師索性一人送一本並親自署名，在給我的那本，她寫下：「Allen, ready to break the rules?（加恩，準備好打破成規了嗎？）」

她的書附上心理測驗，把人分成四個象限，以X軸與Y軸區分。

X軸是抵抗你內在傾向的指數，抵抗傾向於想要選擇安逸的、熟悉的力量。

Y軸是抵抗外在使人就範的指數，抵抗傾向於順應或屈就他人眼光、組織文化或傳統等的力量。

X軸、Y軸的計分是，假設你可以抵抗上述傾向，越不受影響，X軸、Y軸分數就越高。

因此四個象限的結果就很清楚，X軸與Y軸都高的，就叫做海盜人格，如果處在一個島國，就需要如同海盜們一樣勇於探險未知海域，幫大家找到新的陸地。

我的X軸高、Y軸不高，所以我不是海盜，我是海盜下面那個，叫做爬階梯的人。相對地，兩個都不高的，就叫做守成者。

吉諾教授的測驗，很精準地勾勒出我的行爲模式，以及背後的思維與價值判斷。我Y軸不高，因此在現實環境中不太會去衝撞體制，所以每到一個地方就會讓自己融入環境。

在外交系統任職時，會有文化上格格不入的地方，例如，書寫機密電報時，需要使用許多生活上用不著的中文；外交部同仁自嘲他們是唯一還用清朝中文工作的政府單位，其用字遣詞旨在表達對總部閱讀公文長官的敬意，如同古代對朝中皇上的戒愼恐懼。爲了讓自己成爲符合標準、稱職的外交官，我很快的學會這些用字，不去挑戰或質疑。

我得分高的部分是X軸，我喜歡挑戰自己、質問自己：爲什麼要選擇安逸的路？內在有一股動力刻意去選擇非安逸的、非熟悉的路徑，去抵抗人性所趨。

這個測驗，讓我更清楚自己爲何總是要走一條人少的路，每當一個環境看似安定了，就想找尋下一個戰場。走人少的路，對迎面而來的困難說「好」。這樣做，就是不斷打破框架，鼓起勇氣挑戰未知的領域，讓新的可能性發生。

不過若是時間軸再往前推，我倒是想起了自己也曾經歷過X軸、Y軸指數都高的年少輕狂歲月。

## 海盜人格，助我改革

我在北榮當實習醫生時，挑戰過曾任監察委員的尹祚芊教授！

當時我就是個帶頭的造反者，推動實習醫師的改革制度。因爲當年實習醫師要抽血、打靜脈留置針、換藥、借X光片、護送病人、送檢體、做入院心電圖等，很多實習醫師連睡眠都不夠，更別說學習，所以我們希望部分任務回到護理部執行，並且要求醫院在教學的質與量有所提升。因此，實習醫師與護理部的關係變得很緊張。當時的北榮護理部主任是尹祚芊教授，她後來任監察委員。

爲了讓改革成功，我和幾個人發動來自各校實習醫師一起連署，結果那幾年，陽明畢業的學生大量跑去中榮、高榮，而不留在北榮，創下陽明畢業生留在北榮實習的新低。也因此，加速了改革的速度；同時，記得當時北榮張茂松院長來陽明跟學生開會時忍不住說：「你們這幾個人抹黑了我們北榮，害實習醫師都跑掉！」於是多年來，我一直覺得自己應該是得罪了尹祚芊老師。

當我在非洲要辦理學術研討會時，再度與多年未見的老師碰了面。當時尹教授想競選國際護理學會的理事長，而對岸尚未入會，我接獲任務，要鞏固我國護理學會候選人在各國代表中的支持，於是，在南非和肯亞各辦了一場研討會，邀請尹教授來演講分享我國的醫護體系，我自己也講。

我利用舉辦研討會，動員了非洲南部與東部的十多個國家的護理學會，邀請理事長和秘書長來參加，幫忙訂機票、訂旅館、安排接送機，兩場研討會相當成功，而我和教授也有很好的互動。直覺她應該知道我就是當年帶頭造反的實習醫師，但已事過境遷多年，也沒人在乎了，這時才解除了我心中深藏已久的疑慮。

不過，也因此，我發現一件事。

當時我堅持要做實習醫師制度改革時，身邊朋友提醒我三件事：

1. 這些都是老問題，實習醫師每年都抗議，改革沒有用；
2. 身爲實習醫師，跟醫院對抗，以後會影響在北榮當住院醫師的機會；
3. 我得罪這些人，如果被記得一輩子，對未來很不利。

事後證明朋友的善意提醒，全都不存在。制度不僅改革成功，而且我事後也在北榮工作；最後，跟主事者時隔多年在非洲重逢，我們合作愉快，增進我國護理學會在國際護理學會界的聯繫，我內心的疙瘩也已不復存在。

在哈佛商學院的教師休息區，我看著吉諾教授寫的：「準備好打破成規了嗎？」我心想不管X軸或Y軸指數，過去似乎爲我帶來一些人生歷程的助益，但下一個要打破的成規會是什麼？

# PART 5

# 挺身而進，回歸初衷

不是獨善其身，而是並肩作戰，
一起爲全世界努力！

第20步——

# 誰說學公衛去藥廠工作有違和感？

在武田製藥任職的他們都出身全球衛生及公衛體系，他們正是因為關心貧窮與健康平權議題，才到藥廠工作。

有一堂課是公衛博士學程必修，是講公共衛生的策略，每年固定開課。這堂課仿效哈佛商學院，要研讀一些案例分析。前幾屆剛好有個學生寫了一個專案：武田製藥爲什麼想新增疫苗部門？裡面寫了武田內部的決策流程，同時，課堂上也邀請武田製藥全球疫苗事業部門的執行長Dr. Rajeev

Venkaya來課堂上跟大家互動。

這個執行長是印度裔美國人，是胸腔科醫師，曾在歐巴馬總統時代在白宮幫忙規劃流感大流行因應計畫，也擔任過生物恐怖攻擊部門的負責人，專門負責爲白宮提出疫情發生後的因應策略。他受邀分享經驗，我跟他換了名片，跟他約見面聊了才知道，前兩屆博士班已有兩位學長在武田製藥完成博士論文，並留下來工作。這引起了我的好奇。

## 出身公衛，卻選擇進入藥廠工作

這兩位學長，一個是伊朗裔加拿大人，他曾幫柯林頓基金會做疫苗相關工作，被派往非洲各國協助解決疫苗分配不均的問題，完成博士論文後，就留在武田登革熱疫苗的部門工作。另一個是西班牙人，他大學是學建築，可是後來都在無國界醫師組織裡工作，曾經協助運送物資到西非，深入內戰的地方，也是身經百戰。

我當時非常好奇，在公衛的課堂上，常常會讀到一些研究，分析藥廠如何以利益爲導向，導致藥價上揚，加速健康不均等的問題等等。因此，研習公衛的學生們想到未來志業，比較少想到藥廠。

但是前述兩位學長來自國際NGO，專門在倡議如何增加落後國家的疫苗分配等健康平權問題，竟然加入了武田製藥，所以我很好奇。經了解，原來來自西班牙的學長的博士論文，正是幫武田製藥全球總部制定一套內規，讓他們在啓動新的疫苗研發案時，就要把落後國家如何用合理價格買到疫苗考量進去，這甚至被放在集團主管的關鍵績效指標。

我對Venkayya的經歷很熟悉，覺得談得來，在經過一番掙扎後，最後決定在武田製藥做我的博士論文，主題就是登革熱疫苗，因此請他幫忙引介進入所屬部門。

前面提過，哈佛公衛學院博士班成立之初，博士論文的要求就是要找一個應用的場域，提出他們的問題、需求，在解決他們的問題的過程中產生論文，不能只是學術上的理論研究。

武田製藥是我取得醫師執照後第一份產業的工作，加入後才發現有很多人都是學公衛出身的，包括他們派給我的導師是一位醫師，待過美國疾病管制中心，而且做過美國的防疫醫師（EIS officer），我們的共同點又更多了。

以退伍軍人症來說，於一九七八年在美國費城舉行的美國退伍軍人協會年會上爆發大規模感染，它規模龐大，疫情調查複雜，而前往做現場疫情調查的人就是我的這位導師。他已經七十多歲，從美國疾病管制中心退休後，持續在藥廠工作，畢生都在做疫苗研發工作，也曾經負責疫苗學教科書的編寫。

他的部門，是負責產生科學的證據，以便跟世界衛生組織疫苗策略諮詢專家小組（WHO SAGE）溝通，爲了疫苗順利推展，這部門也要跟美國疾病管制中心、甚至國防部門溝通。爲了博士論文，以及能夠實際在導師的部門貢獻，我常常跟他長談，以便快速惡補疫苗學的各種知識。

基本上，他可以說是我接觸過的醫師中最聰明的一位，他是一位求知若渴、過目不忘的人，數十年的大量閱讀，讓他成爲活圖書館。我後來才知道，原來不會說中文的他，其實父親是黃埔軍校畢業、當年老蔣身邊的抗日名將，只是沒有一起遷臺，而是全家搬到美國首府。難怪他對來自臺灣的我，特別照顧有加。這位公衛出身的醫師科學家，也挑戰我過去對藥廠的刻板印象。

此時我才了解，藥廠裡有很多科學家、公共衛生專家，大家是爲了能研發出登革熱疫苗，解決這個困擾人類已久的世紀大問題而在這裡。

其實，人類嘗試研發登革熱疫苗的歷史可以溯及將近一百年。每年全世界大概有四億人次感染，也因此造成很多重症死亡。過去主要集中在東南亞與南美洲，但是後來發現它一直擴散，非洲、美國的美墨邊境也有病例。如果全球氣候持續暖化，登革熱疫情會更嚴重。而人類一直缺乏好的疫苗可以預防這疾病的侵擾。

從疫苗部門執行長、兩位哈佛公衛博士班學長，再加上帶領我的導師，在武田製藥任職的他們都出身公衛體系，他們正是因爲關心全球衛生與健康平權等議題，才到藥廠工作。

這個轉折，有點意外，但跟我前面職涯的故事軸線沒有違和感，我還是在跟一群人一起努力，想要改善許多人的健康。這跟我剛入博士班聽到的一段師長的話相符：「研讀進階的學位，是延續所學，但職涯路線很難沒有轉折。」

我至今還是非常感謝武田這位跟我背景同質性很高、但超級資深的導師，除了指導我的博士論文，也帶領我進入嶄新的疫苗研發領域。

第21步——

# 返臺加入高端疫苗團隊

「當你該回去臺灣的時候，記得馬上回去，即使晚一個月也不行。」難道，這是天堂來的訊號，告訴我人生的十字路口又到了嗎？

COVID-19進入後疫情時代，最讓臺灣有感的高端疫苗，不論是正面或負面評價，時隔多年後，我想分享我所知的部分，畢竟高端的新冠疫苗確實是臺灣少數受到國際關注的國產疫苗。當時會參與高端疫苗，是因爲我很敬重的前輩郭旭崧校長打電話給我：「既然臺灣有公司在研發我們自己的COVID-19疫苗，你為什麼不回來幫忙？」人在美國的我聽到前輩這麼一問，加上當時遇到的兩個震撼，決定辭掉原來的工作，回臺灣一起努力……

## 研發國產疫苗是夢想也是使命

疫情前，我在哈佛讀公衛博士班，博士論文寫的正是登革熱疫苗。

過去哈佛校風認為博士生未來應該繼續教書，在學術圈發揮影響力，因此論文都用最嚴格的學術標準審查，而且要發表一定的量，質量皆符合標準才能畢業。後來風向慢慢轉變，不再認為取得哈佛博士後一定要當老師，身為全球頂尖學府，其培養的人才也可以進入公部門、藥廠、NGO或其他領域，期許成為適任的領導者。因此，哈佛大學公衛學院推出公衛博士的學程作為該學院的指標學程，畢業的前提是博士口試通過後，博士論文需要找到合作機構服務，並且論文題目需要能夠解決該機構或組織的棘手問題才行，此舉是為了培養畢業生擁有解決當前問題與危機的能力。

前面提到，武田製藥疫苗部總監為我引薦加入研發部門，而我的論文正是登革熱疫苗。那時我已經從博士班畢業，他們認為我的論文滿有用的，於是聘我在武田的全球醫務部門之疫苗科學與政策處（Immunization Science and Policy, Global Medical Office）擔任副處長，主要負責跟WHO、美國疾病管制中心、美國國防部用科學證據溝通登革熱的政策。

在COVID-19疫情前，我為論文飛回臺灣兩次，做一些與論文研究相關的訪談，包括疫苗界、公衛界、學術界的前輩。後來COVID-19疫情爆發了，所有研發疫苗的藥廠，焦點都轉向COVID-19疫苗的研發。

當時我在武田製藥的直屬老闆是美國疾病管制中心退休的防疫醫師，他們知道我當過臺灣的防疫醫師，再加上武田製藥疫苗部門大老闆、二老闆，以及另外一個加拿大人，我們成立五人小組，後來新增一人為六人小組，每天開會，想幫全球武田製藥各地分部達五萬多名員工制定COVID-19防治政策，包括是否遠距辦公？怎麼消毒？人力如何分流？我每天作息就是跟著小組讀書、開會、讀書、開會，好像忽然間讀COVID-19的書變得比登革熱還多。且適逢美國疫情嚴峻封城，以上的工作都是在家中完成。

當時的我，對於在全球大藥廠的總部打入核心，得以學習疫苗研發的領域非常興奮，我的老闆甚至幫我找到組織內的升遷機會，可望轉到瑞士的蘇黎世上班。封城無法出門的期間，我和太太甚至會上網看蘇黎世的租屋市場和學校，除了打發時間，也是對這樣的未來充滿憧憬。

就在此時，我接到一個訊息，十年前鼓勵我要不畏人言前往非洲赴任的印尼腓力牧師夫婦邀請我和太太參加視訊會議，跟一些臺灣的牧師朋友們聊聊近況。輪到我時，師母問我何時會返臺，我說自己剛承諾武田製藥執行重大計畫，況且疫情嚴峻，不方便搬家。

沒想到腓力牧師直接破題說：「當你該回去臺灣的時候，記得馬上回去，即使晚一個月也不行（Even one month matters）。」接著，他清清喉嚨：「如果你到時候不回去，我會禱告神差一條大魚把你吞下去，吐回臺灣（註：這是引自聖經中，不聽神的差遣往尼尼微城的先知約拿所遇到的事）。」這位牧師語帶恐嚇，但語氣堅定又帶著微笑，說也奇怪，視訊結束後，我對留在美國甚至到瑞士發展的憧憬瞬時煙消雲散。

同一個時期，有一天我在家中用視訊聽當地教會講道，坐在我身旁的十二歲女兒忽然轉過來指著平板上的銀幕說：「他們屬於這裡，你不屬於這裡，所以你不會昌盛。」這句突如其來的話，已經讓我夠驚訝，她又接著說：「你留在這裡，你會離開神。（If you stay here, you will drift away from God.）」我被女兒這段沒有連貫性、跟平時完全不搭的嚴厲語氣嚇到了，趕緊問她，「妳爲什會這樣想？妳在學網路某人說話嗎？」她說：「我不知道我爲什麼這樣說。」難道，這是天堂來的訊號，告訴我人生的十字路口又到了嗎？

同時經歷這兩個震撼，此時我又接到郭校長的電話，他的一句「你應該回來幫忙」，讓我沒有推辭的理由。這個領域的人都很清楚，研發國產疫苗是許多人的夢想，大家都希望減少對進口疫苗的依賴，能夠實現防疫自主。高端當時主要的疫苗研發目標是腸病毒，在越南人體實驗做到一半，COVID-19就來了；於是臺灣的各藥廠也開始嘗試研發COVID-19疫苗。

跟郭校長掛上電話後，我跟老闆說要辭職回臺灣。我的決定太突然，讓這位非常照顧我的老闆兼導師非常失望，但也無法阻止我。我們花半個月的時間，把離臺十年來，從南非開始累積的家當裝入四十呎的貨櫃，離開波士頓，回到臺灣，準備隔離十四天後，加入高端疫苗的研發團隊。其實，我從武田辭職後，到舉家搬遷抵達臺灣時，跟高端的聘僱合約還沒簽、offer長什麼樣也還不確定。

我想到我們的公衛博士學程，有一堂必修課叫做談判學。學程特別請到在哈佛甘迺迪政府學院教談判學三十年後退休的老師回鍋傳授。課堂上有前美國駐聯合國大使來分享核武談判的經驗。老師花很多時間教同學求職時，該怎樣幫自己爭取最好的條件，她說，照這些原則，你可以照你的方式、得到你要的酬勞和福利，上課時老師還讓同學們彼此反覆演練。而我從武田裸辭，完全沒跟下個雇主談判，一次把所學到的所有原則打破，當初吉諾教授問我是否預備好打破成規，言猶在耳，沒想到它來得這麼快。

## 爲後人鋪路的團隊

即將結束隔離、出關前一天，有人在我臉書上留言，寫了一堆關於疫苗抗原設計的專業內容。我不記得自己認識他，而他也迅速刪掉內容了，因此我私訊他，想請教更多問題。他說：「連醫師，你照顧過我父親。」我的記憶這才瞬間湧上，慢慢浮現清晰的輪廓，似乎想起他是誰了。

原來他就是我十多年前在榮總安寧病房服務時，那位照顧父親無微不至的貼心兒子S博士。我說，我記得你，因爲你是我照顧過的安寧病房家屬中，跟父親關係最甜蜜的那位，我還記得令尊過世前，你睡在父親的病床上，頻頻親吻老父臉頰的樣子，而且，我也記得你當時說要在中研院讀博士。我跟S博士用私訊一一核對記憶中的種種後，他告訴我，研發COVID-19疫苗的前期，最關鍵的步驟之一，是要用倉鼠攻毒實驗；也就是說，疫苗打到人身上之前，得先證明在動物身上有保護力。

當時已經有媒體報導，其他團隊研發的疫苗可以在倉鼠身上證明，有打疫苗比沒打的，病毒量降為百分之一。但是我們知道那是不夠的，所以還是要再執行一個實驗：讓倉鼠先打針，產生免疫力以後，再把眞正的病毒種到牠身上，比較有打針、沒打針的不同組倉鼠，確認是否感染、病毒量到底有沒有因為疫苗減少或倉鼠有沒有生病？S博士還說，由於這是公家資源，所以大家都可以申請，但當時沒有建立一個標準程序，只能照先來後到。當時有人宣稱各種化合物、甚至清潔劑或某種草藥可以防疫，也吵著申請倉鼠攻毒實驗，卻不能拒絕，導致這些專業人員工作量不堪負荷，因為這是要穿上如太空裝的隔離衣進到P3實驗室操作的，其實非常危險。

國內能做這種實驗的地方屈指可數，中研院當時有這樣的政策，鼓勵國內廠商研發新藥，結果變成浮濫申請，累垮專業人員。幸好後來修改了申請制度與流程，不然這些專業人員因此累倒，眞的是國家損失。申請流程多了一道委員會審核機制。這個委員會由中研院院長領軍，另外六個人是國家頂尖的院士，由這些學術領袖們聆聽廠商簡報，以高規格過濾廠商，避免浪費實驗室資源。

去委員會之前，S博士要我先到實驗室跟執掌實驗室的研究團隊報告，我們回答了許多疫苗如何設計的問題，專家們從一開始面色凝重、坐得老遠，看似半信半疑的表情，變得專心聆聽。原來他們聽了許多良莠不齊的提報後，總算遇到可以與他們對話的人，S博士事後透漏，當時心中的OS是：「終於來了一個團隊是有腦的！」

S博士建議我把握時間提報，申請疫苗實驗。當我提報時，心裡有個感慨，自己到美國學公共衛生，本來想做醫療體系的改革，學習了一些大規模改變（Large scale change）的原理，甚至修了領導學、政治經濟學。而此刻，我坐在七個全臺灣最頂尖的科學家、也是臺灣許多科學家的師長們面前，解釋公司抗原設計的核酸序列、提報我們的倉鼠實驗設計，這讓我那些留在美國做公衛、甚至當官的同學們，覺得很不可思議，甚至覺得我是怎麼回事？

想到我曾經朝夕相處的哈佛同學們，那種「我是你們的一分子，但其實我不會永遠是你們的一分子」的感覺又回來了。

跟院士們報告的過程，一開始我極度緊張，經幾輪被提問並順利解答後，有一兩位面露一絲微笑，我得知這個申請通過了。

不要小看倉鼠實驗，其中很多變數，包括倉鼠什麼時候犧牲是最佳的時間點，是第三天還是第四天？倉鼠要加多少病毒量，加少了不會生病，不知道到底是疫苗保護牠不生病，還是牠本來就不生病？加多了會死光，也無法辨識疫苗有沒有效。因此，我們自己再做一套實驗，叫做預試驗。

當時試驗用的動物缺貨，我們把事先購得的倉鼠提供給中研院，並且設計一次預試驗，以便決定這個環境中的所有最佳條件及參數。後來所有廠商在此做倉鼠攻毒實驗的基礎值，是根據這個試驗定調的，也就是說，我們幫後來的人先鋪好路。

後來我們的倉鼠攻毒實驗非常成功，證實可以讓有打疫苗的倉鼠病毒量較沒打的對照組減爲百萬分之一到千萬分之一，這是從倉鼠肺部的組織量測出來的，給了我們強大的信心。

## 恆河猴實驗成功，專家們的一致選擇

這個倉鼠實驗設計，是我在開車通勤時跟中研院的研究員一起設計出來的，當時我的小孩在新竹實驗中學念書，因此住在新竹寶山，而我在內湖上班，每天開車三小時以上，所以邊開車邊開會。這個設計是希望實驗室人員可以不用六日加班殺倉鼠，因爲他們已經很辛苦，穿著太空裝，晝夜不休。倉鼠的犧牲日是看打完針多少天，攻毒以後多少天，第三天殺一半，第六天再殺一半。我就要想辦法避開六日和國定假日，腦子裡有個日曆，在開車過程建構出倉鼠實驗的時程。

後來美國國家衛生研究院也幫我們做了恆河猴的攻毒實驗，他們把養了九年以上的猴子打了疫苗，看牠們會不會生病。因爲在臺灣沒辦法做恆河猴實驗，而且費用非常昂貴，據說做一隻恆河猴要花上百萬美金。他們做了六隻恆河猴，起初，他們發現猴子身上的抗體濃度非常高，而且持久不退，認爲如果用原型株去攻毒，一定有保護力，但就失去科學探索的機會。經過一番討論，與美方幾次開會中，我們雙方都非常猶豫，不知道是否就用這一次的機會，來看看這疫苗能不能抵抗當時最新、最猛的變異株（beta）。最後，證明在猴子身上打完疫苗隔了很久，還是對此變異株具有保護力。美國國家衛生研究院的實驗結果，鼓舞了我們兩邊團隊，大家都非常興奮！

在疫情早期，有同事發現WHO有個團結試驗，我們就在網路上申請，沒想到書面審查之後，還需要經歷兩輪的專家委員面試。兩次的各國專家委員組成相近，包括德國、美國、韓國、日本和中國等，每一個專家都要提問，各自負責不同的部門與專業，有人專長流行病學，有人負責疫苗設計，對岸的專家來自中國疾病預防中心（China CDC），德國的專家專問動物試驗的問題，韓國的專家每次都被點名沒發問，然後擠出一個相對簡單的問題。

經過兩輪審核後，最後宣布我們爲第一個獲選的疫苗，當時與我們開會、向我們宣布的是WHO的副總幹事，愛爾蘭籍醫師Michael Ryan，他是譚德塞身邊的左右手。他特別強調，雖然知道我們不是WHO的一員，但是來自臺灣的科技能夠貢獻世界是件好事。來自哥倫比亞的科學家，也是整個團結試驗的負責人Ana-Maria Henao-Restrepo說，我管不了政治，我只知道我媽媽在哥倫比亞沒有疫苗打，而她的鄰居有許多人正在死去。Ana-Maria接著說，我們只看科學和數據，你們的數據是最好的，因此所有專家一致選擇你們。裡面也包含來自對岸的專家。

當時臺灣沒有足夠的病人，廠商也沒有足夠的錢，因爲三期實驗大概至少要打過一、兩萬人，至少要六十多億臺幣起跳，才能夠做完三期試驗。選上WHO的團結試驗，是一個解方，因爲獲選的廠商只需要負責提供疫苗，和訓練臨床試驗護理師使用，其餘的事情都由WHO負責。

我們本來是第一輪就被選入的廠商，後來還是難逃政治因素影響，菲律賓的倫理委員會、WHO的倫理委員會分別卡了很久，核可後，壓在譚德塞那邊又拖了幾個月。他們警告說，WHO沒有正式宣布，就不算成立，因此有好幾個月的時間，我們的團隊面對外界質疑，爲何沒有做三期試驗時，都有種啞巴吃黃蓮、有苦說不出的感覺。

第22步——

# 增強韌性是爲了繼續往前走

得以在幾百年發生一次的全球疫情中，參與自己國家所開發的疫苗，不論最後結果如何，不論你是研發團隊、捲起袖子當臨床試驗受試者或加入哪一個單位，參與的所有人都該為自己感到驕傲。

參與國產疫苗的研發過程，對我來說是一段難忘的人生經驗。

特別是與WHO互動的過程，他們不斷地舉行各種技術性會議，讓全球研發疫苗的廠商可以互通資訊，所以每次都有上千人參與線上會議，而且常看到教科書上的疫苗界大師前輩，例如八十多歲的Stanley Plokin（疫苗學的經典教科書叫做Plokin's Vaccine），上線互動分享。

## 在WHO的實質貢獻

WHO技術會議大概辦了十次，每一次會議大約五到八家藥廠被邀請報告。高端被邀請分享七次，每一次都是我負責代表公司報告。有好幾次在我前面分享的是莫德納、後面是BNT，WHO的窗口私下告訴我們，有人質疑他們爲何一直獨厚這家臺灣公司，不斷要他報告？他們回答，這是技術專家挑選的。因爲他們十分肯定我們在人體實驗各方面的科學數據，認爲是非常快速產生且值得信賴。

舉例來說，COVID-19病毒一直變異，從原型株跑出各種變異株，當時全世界都很擔心根據原型株疫苗研發，對於不斷改變的變異株還有沒有保護效果？其實在當時從臺灣產生的數據已能看出端倪，所以被邀請分享。我們也在大會上分享，用beta株（原被稱為南非株）做出來的疫苗是當時最具廣度的保護力。當全世界還在討論疫苗可不可以混打時，我們也有臨床數據資料；當大家在想到底可不可以打第三劑，打三劑會怎麼樣？或光打兩劑抗體可以撐多久？我們也報告安全性數據給眾專家。因為手上有這些超前的數據，我才能夠不斷在WHO的技術會議上分享。

這是讓人感到驕傲的事，我參與的研發團隊可以在這人類浩劫中貢獻一點點力量，即使這只是杯水車薪，但至少我們有全球的舞臺。過去，我曾經代表我國在世界衛生大會發言數次，代表武田製藥與WHO專家開會。但只有在參與COVID-19疫苗研發的這次，我首度感覺我們沒有在臺灣獨善其身，而是正在跟全世界的同儕並肩作戰。

在不斷上WHO平臺分享數據的同時，我們持續進行WHO的團結試驗。哥倫比亞、菲律賓跟馬利，是報名參加團結試驗場域的眾多國家中，被WHO依據疫情流行情形而被選上的國家。因此，我們被賦予任務要幫他們訓練第一線的護理師（臨床試驗執行者）施打高端疫苗。

於是，我們做了一支短片，有英文版、西班牙文和法文版。英文版教菲律賓，上線學習的有兩、三百人來自全國幾十個據點；當連線到哥倫比亞時，我們就用西班牙文版來協助他們的護理人員上課。

記得在線上看到上百個來自馬利各地衛生站的護理師時，心情激動，因爲那是我當年服務的布吉納法索鄰國。馬利有很多護理師跑來布吉納法索念護校，部分人成爲我的同事，而且，西非的衛生站場景都很類似。

我跟線上的護理師說，我當年在你們鄰國每天用的醫用法語，腔調可能跟大家很像，因此我決定用法文來執行訓練。此時，視訊畫面上傳來驚呼聲，也看到許多微笑的臉孔。一起與會的WHO官員與相關負責人看到我這樣做，都很驚訝；因爲他們幾乎不會法文，雖然不知道我在講什麼，但是他們看得出我很熟悉這樣的教學互動過程，也就對我們的團隊更加放心。

雖然，最後試驗順利施打一萬多人，但WHO始終沒有公布試驗結果，也沒有對我們說明，讓整件美事留下遺憾。但，我總覺得能在幾百年發生一次的全球疫情中，參與自己國家所開發的疫苗，不論最後結果如何，不論你是研發團隊、捲起袖子當了臨床試驗受試者或加入哪一個單位，我認爲參與的所有人都該爲自己感到驕傲。

其實，這整件事嚴格來說不能用「臺灣人爲臺灣研發疫苗」形容。因爲我的部門在極盛時期，共有來自十個國籍的人士一同在爲此計畫奮戰，分別是：瓜地馬拉、墨西哥、加拿大、挪威、以色列、菲律賓、越南、烏克蘭、貝里斯，加上本土員工。

## 不斷遭受質疑，上前線匡正視聽

在面對WHO的許多工作時，我們也要同時面對外界不斷提出質疑。記得有一位感染科醫師，同時也是網紅，時時提出挑戰。於是，我們在公共電視節目上進行對談，我製作了手板、解釋了一些數據，鏡頭前來回討論幾輪後，主持人抱怨我們兩人把該晚的節目弄得太深奧，一般人聽不懂。但事後這位醫師似乎有被說服，因此網路言論就轉爲較正面，我也遇到不少醫師說，是在那天晚上的節目後，比較了解我們的數據。也有國內頂尖的科學家，在我們婉拒與他的去活化新冠肺炎疫苗（與科興、國藥相同的技術平臺）合作後，開始發表較不合乎科學理性的言論。這部分就無法用學術語言、科學數據溝通來解決，只能忍。

後來，我陸續上了許多直播節目說明。忽然間，全國民眾有許多人在原本是茶餘飯後的輕鬆談話節目時段，學習何謂中和抗體、免疫橋接、臨床三期，這也算是疫情間的一個收穫，提升全民科普水平。

有幾次，前一晚上完節目，隔天上班發現桌上出現煮好的咖啡。原來是一些平常只有打招呼的同事特地來跟我道謝，因爲他們覺得我在節目上替團隊澄清了很多外界不理解、甚至誤解的事實。

畢竟對基層同仁來說，這就是一份工作，大家在那段時間都是晝夜不休、週末繼續辛苦投入，甚至有人以疫苗廠爲家。他們認眞工作與政黨立場無關，但這份辛苦在那時很難爲外人所知，有時一聽到「高端」兩字，所有撻伐聲音不分靑紅皀白馬上湧現。嚴重時，甚至同事的小孩在學校不敢讓別人知道爸媽在這裡上班。

這段期間，有幾個深刻的小故事值得記錄：

有一次我在新竹一帶外帶披薩要取餐時，才發現店員在盒子上寫了「高端加油」四個字，我把照片傳給同事們，大家都感動不已。

另有一次上訪談節目，我被要求連線回答問題，其餘來賓都是醫師，在攝影棚現場錄製。開拍前幾分鐘，主持人說：「連醫師，我已經要求現場每個人都準備兩三題要請你好好說明。」對於每位來賓輪番質問，我都陸續回答，不慍不火，主持人覺得這樣沒有達到預期效果；於是臨時提出比較牽涉個人隱私的問題，結果連被邀請要來拷問我的來賓都看不下去，要主持人別爲難我。

節目結束後，主持人還寫了道歉簡訊請人代轉，我也只好回傳一則跟她道歉：「抱歉，是我答得不好。」

當時還有位更知名的政治領袖也是猛烈抨擊的人之一，有位主持人爲了製造效果，在請我跟大眾介紹全球疫苗研發趨勢、跟民眾科普何謂中和抗體之後，忽然跳到這題：「那位××一直到處罵你們，你有什麼看法？」我說自己認識他，不久前遇到還跟他說，他是我的老師，因爲當年我在外科加護病房擔任實習醫師的時候，白袍口袋隨時放兩本書，其中一本的作者就是他，他聽了很高興。我用這方式破題，讓觀眾跟現場的人知道我們認識，而我也肯定他是我的老師，接著我就先岔題了。

我說，自己在非洲的時候，曾經跟九個法國人一起去撒哈拉沙漠玩，在小鎮裡遇到當地人正在慶祝九一一，你沒聽錯！正是慶祝九一一。村子裡的孩子穿著印有賓拉登頭像的T恤，一起跳舞，慶祝好多美國人死去，太棒了！我們一行人都覺得不可思議，因爲孩子們看來天眞無邪，非常可愛，可是他們正在做我們無法理解的事情。

此時沒有耐心聽下去的人，不懂我爲什麼要岔開話題。

還好主持人耐心聽著沒有打斷，我繼續說，這事情讓我省思，我們不討論孩子行爲對或錯、天性邪惡或善良；重點是，他們從小接受的資訊跟我們不一樣，所以會有這樣的判斷跟反應，認爲美國人是邪惡的、該死的。如果我從小就住在那裡，跟他們接受一樣的訊息，沉浸在同樣的文化環境，我也會有一樣的反應。

最後，我回到正題，我們擁有的數據資料很可能××沒看過，所以彼此都是根據自己得到的訊息而做出不同的判斷，大家的歧異點就是這樣而已。

我的回應雖然拐了彎，但也足以表達我的立場和態度，而非陷入口水戰，甚至為了捍衛自己，與人交惡。主持人發現我沒有跳坑開戰，時間也用完了，因此就放我一馬。

即便我不是會直接製造衝突的人，但過程還是滿痛苦的，因為被誤解的感覺並不好受，何況還有許多惡意造謠是針對個人的。如果放在人生長河來看，這也是一個必經過程，我不可能讓所有人都認同我、喜歡我，一定會遇到不喜歡我，甚至帶著惡意的人。然而，積非成是，流言傳久了也會被當真，所以我們無力翻轉大多數人已成既定印象的想法，那也是我深感挫折的地方。

## 成功需要韌性，而韌性在痛苦中誕生

美國國家衛生研究院專家、疫苗的發明人Barney Graham，他將抗原設計同時授權給我們，也授權給莫德納，Barney Graham聽完我報告的數據以後，加上恆河猴的實驗是他親自做的，綜合兩邊的實驗資料，他相信高端是很好的疫苗。

這就像是和氏璧的故事，那個人抱著和氏璧，不斷跟君王說這是寶玉，可是沒人信，覺得那個人是騙子，於是砍斷他的雙腿，結果他只能不斷哭泣，哭到留下血淚，才被人發現這確實是一塊美玉。

高端疫苗後來被澳洲法規單位（TGA）認可，負責主審疫苗的處長寫下「The Delegate is currently minded to provisionally register MVC for the proposed indication.」，最後只要再送外部專家，建請專家核可就行了，可是這一次，那些外部專家提了一些不合理的問題，於是否決了核可。TGA表示，平常時期，法規單位說了算，外部專家的意見只是參考；可是在

COVID-19疫情肆虐之際，內部專家仍要尊重外部專家意見。

因此，高端疫苗就失去走出國外的機會。如果澳洲核可的話，被認可的程度可比美國ＦＤＡ，因爲它同爲嚴謹法規單位（SRA, Stringent Regulatory Authority），這是一個非常重要的里程碑，以本土研發的疫苗來說，有機會成爲歷史上第一次得到國際法規的核可。

所有這二十年來，期待臺灣自己研發的國產疫苗得到國際認證的學者、感染科專家、小兒科專家等，大家回想這一路走來的經驗，都覺得很心疼。成功這麼近，就在眼前，距離最近的應該就是這一次了，最後卻被硬生生打回票。

二〇二三年七月，ＷＨＯ底下的COVID-19技術獲取平台（COVID-19 Technology Access Pool, C-TAP）透過藥品專利池（Medicines Patent Pool, MPP），跟高端簽立全球授權COVID-19疫苗合約，用於幫助中低收入國對抗未來疫情。這是全球第一個由私人公司開發並納入C-TAP的健康技術。至少讓這不完美的結局，有了一個令人稍感寬慰的句點。

我聽到黃仁勳在史丹佛大學畢業典禮上的演說提到：你們這些優秀的人，都對自己未來的期許很高，通常期許很高的人，韌性很低，但是偏偏成功就是需要有韌性，韌性是在痛苦與煎熬中產生的。

黃仁勳不只跟畢業生這樣說，也常常勉勵他的同仁，痛苦跟煎熬對公司來講，是很好的過程。

聽他這場演說，我心裡得到一些安慰。對國產疫苗有期待的學者，面對那一段歷程覺得非常痛苦；但是對我個人來說，走過這一段路，是增強韌性很棒的一個機會。

# 後記

我在高端疫苗結束階段性任務後，受邀加入宏碁集團的子公司——宏碁智慧醫療，擔任董事長兼執行長。在麻州州政府當高層衛生官員的同學寫信給我：「我們迫不及待聽你分享你的新專業——人工智慧，請你發出警告，讓我們知道應該有多擔憂？」我的同學對人工智慧最終會毀滅人類有很多想像，於是，我只好謙遜地說：「至少，我周圍的工程師還沒有這麼厲害啦。」同學繼續說：「也許他們正在開發什麼東西沒有告訴你。」因爲她的疑慮，我寫下了給公司的任務宣言：

「宏碁智醫的使命是透過將ＡＩ應用於精準醫療、預防醫學和公共衛生等醫療保健領域，使ＡＩ服務於人類的核心需求。」

*"Acer Medical's mission is to make AI work for the core needs of*

*humanity by applying AI in healthcare, such as precision medicine, preventive medicine and public health.”*

前陣子，我前往泰國東北省分Nakhon Ratchasima的省立醫院推廣業務。在一位眼科醫師的診間外等候許久，直到她下診後，才能快速介紹我們的ＡＩ在糖尿病病患眼底篩檢的應用。這位醫師告訴我們，她當天已經看了四百位左右的病患，其中有許多糖尿病病患是來做眼底檢查的。當她聽到我們有軟體可以減少她的負擔，好分配更多時間給其他需要治療、嚴重眼疾的病人，她眞的是高興不已。

因爲不忍讓這位醫師繼續在診間耽擱太久無法返家，我快速分享後踏上歸途，結束這一趟當天往返共九小時的長征拜訪。

在回程的路上，我想到幾件事情：二十多年前的國際醫療體驗，我在西非的小鎮Koudougou義診，是運了好幾箱免費藥物到偏鄉；時光拉到十多年前，我的國際醫療服務是導入公共衛生計畫、數位醫療到曼德拉位於南非Mthatha的家鄉；而如今在產業的工作，讓我可以用導入ＡＩ參與全球衛生。過去走過的路和累積的經驗，似乎都可以串聯起來。

我也想到自己在醫院工作的時候，總會看到業務人員在診間等醫師下診；在泰國的診間門口久候那位眼科醫師的經驗，讓我知道自己身分的轉換。你問我會不會感到有點辛酸？其實不會，因爲我需要快速地讓自己像個經營企業的人，做一份工作就是應該做什麼像什麼，不是嗎？

我的思緒回到二十年多前，由於西非服替代役的經驗被媒體大量報導，當我退伍返臺的第二天，就有電視臺不斷找我上節目、接受訪問。

當時不知道該如何回應的我，嚇得想躲起來，但新生命小組教會的顧其芸牧師告訴我：「你不要躲，就去好好的上節目，讓他們知道你有多麼的平凡，這樣他們就有機會可以看出在你生命中那位不平凡的神。」他接著說：「記得爬上一座山之後，要趕快下山，因爲前面的路程還有更多的山嶺等候你去征服。」

我想，他說的沒錯。我應該忘記前面所有的稱讚、榮辱，趕緊下山後，重新出發，下一座山頭在眼前，回歸原點成爲公司的頭號業務又如何？畢竟，我還是在做一直以來在做的事情——服務人類的核心需求，希望能讓人們更健康。

最後，親愛的讀者，謝謝你耐性的讀完這些我認爲不能只有我知道的故事。其實這本書與其說是記錄我個人的職涯路，不如說是一個邀請。既然世上每個人都是自成一格的獨特，一生的道路也需要獨自面對，以這個角度，我們每個人都在走人少的路，都或許要面對孤寂和不被了解。

這本書在邀請你，是否願意像我一樣，邀請造物主，在每個十字路口出現、介入和陪伴，給你從天堂來的訊號，好讓你的每次轉身都發現驚喜，不論路有多難，都有力量走下去；並且有一天回頭看時，總是充滿會心的微笑和感恩。

Eurasian Publishing Group
圓神出版事業機構
用心與你對話・視野無限寬廣
圓神出版社
Eurasian Press

www.booklife.com.tw reader@mail.eurasian.com.tw

天際系列 032

# 走人少的路：連加恩的非典型旅程

作　　者／連加恩
文字整理／陳心怡
發 行 人／簡志忠
出 版 者／圓神出版社有限公司
地　　址／臺北市南京東路四段50號6樓之1
電　　話／（02）2579-6600・2579-8800・2570-3939
傳　　真／（02）2579-0338・2577-3220・2570-3636
副 社 長／陳秋月
主　　編／賴真真
專案企畫／沈蕙婷
責任編輯／沈蕙婷
校　　對／賴真真・沈蕙婷・連加恩
美術編輯／林韋伶
行銷企畫／陳禹伶・林雅雯
印務統籌／劉鳳剛・高榮祥
監　　印／高榮祥
排　　版／陳采淇
經 銷 商／叩應股份有限公司
郵撥帳號／18707239
法律顧問／圓神出版事業機構法律顧問　蕭雄淋律師
印　　刷／祥峰印刷廠
2025年5月　初版
2025年9月　6刷

定價380元　ISBN 978-986-133-973-3

有一天回頭看，這些難處想來都會是一抹微笑帶過，寧願咬牙撐過去，也不要輕易用睥睨的態度去看輕你周圍的人或所處的環境。

——《走人少的路：連加恩的非典型旅程》



國家圖書館出版品預行編目資料

走人少的路：連加恩的非典型旅程／連加恩 著.
--初版. -- 臺北市：圓神出版社有限公司，2025.05
232 面；14.8×20.8公分. --（天際系列；32）
ISBN 978-986-133-973-3（平裝）

1. CST：連加恩　2. CST：回憶錄

783.3886　　114003013